생각이 달라지는
긍정

10대를 위한 심리학자의 인성교육 ❷

생각이 달라지는 긍정

초판 2쇄 발행 2020년 3월 10일

지은이 이민규
그린이 원정민

펴낸이 김찬희
펴낸곳 끌리는책

출판등록 신고번호 제 25100-2011-000073호
주소 서울시 구로구 디지털로 31길 에이스테크노타워 5차 1005호
전화 (02) 335-6936 편집부 (02) 2060-5821
팩스 (02) 335-0550
이메일 happybookpub@gmail.com
페이스북 facebook.com/happybookpub   **블로그** blog.naver.com/happybookpub
포스트 post.naver.com/happybookpub   **스토어** smartstore.naver.com/happybookpub

ISBN 979-11-87059-28-8 73190
      979-11-87059-32-5   세트
값 10,000원

- 잘못된 책은 구입하신 서점에서 교환해드립니다.

- 이 책 내용의 일부 또는 전부를 재사용하려면 반드시 사전에 저작권자와 출판권자에게
  서면에 의한 동의를 얻어야 합니다.

- 이 도서의 국립중앙도서관 출판예정도서목록(CIP)은 서지정보유통지원시스템
  홈페이지(http://seoji.nl.go.kr)와 국가자료공동목록시스템(http://www.nl.go.kr/kolisnet)에서
  이용하실 수 있습니다. (CIP제어번호: CIP2017031648)

* 123RF, 봉숭아틴트, 리틀베어, 챠오츄르, 꼬마나비
  폰트 저작권자 오픈애즈(OPENAS.COM)

생각이 달라지는 긍정

10대를 위한 심리학자의 인성교육 ❷

심리학 박사
이민규 지음 | 원정민 그림

끌리는책

머리말

생각을 바꾸면 세상이 달라진다

임진왜란 초기에 조선 수군은 일본군에 계속 패배했어. 선조는 이순신 장군에게 수군을 해체하고 왕이 있는 곳을 지키라고 명령했지. 그러나 이순신 장군은 '아직도 배가 **12척이나** 남았으니 죽을힘을 다해 싸우면 이길 수 있다'고 주장했어. 결국 12척의 배로 명량해전에서 일본군을 크게 무찔렀지. 만약 이순신 장군이 배가 **12척밖에** 남지 않았다고 생각했다면 싸움에서 이길 수 있었을까?

긍정적인 사람은 자기를 깊이 사랑해. 이런 마음을 자긍심이라고 불러. 자긍심이 높은 사람은 친구들이 험담을 하거나 놀려도 별로 속상해 하지 않아. 부모님이나 선생님에게 혼이 나더라도 금세 웃음을 되찾곤 해. 친구와 다투면 금방 화해하고 성적이 떨어져도 기죽지 않아. 남들은 힘들다고 포기하는 일도 끝까지 용기를 내어 도전하지. 이들은 이렇게 생각하고 행동하는 버릇이 있어. "나는 잘 해낼 수 있어" "지금 아니면 언제 해?" "여기가 아니면 어디서 하지?"

이 책은 긍정적으로 생각하고 행동해야 하는 이유와 방법에 대해 소개하고 있어. 다른 모든 일이 그렇듯이 긍정적인 사람이 되고 싶다면 배우고 연습해야 해. 긍정적으로 생각하고 행동하는 것을 자신의 습관으로 만들어야 하지. 긍정적인 사람이 되면 공부도 즐겁게 할 수 있고 가족, 친구, 선생님, 이웃과도 친밀하게 지낼 수 있어. 나는 여러분이 이 책을 읽고 '긍정의 힘'을 믿는 멋진 신사와 숙녀로 성장하기를 바라!

여러분이 자랑스러운

이민규

머리말_ 생각을 바꾸면 세상이 달라진다   4

I 나를 아끼고 위하기

자긍심을 높이는 방법   10

나와 내가 하고 있는 일을 사랑하자   22

나를 깊이 사랑하려면   38

2 긍정적으로 생각하기

긍정적인 사람은 질문이 다르다　52

부정적인 생각을 긍정적인 생각으로 바꾸자　62

긍정적으로 생각하는 법　74

머피의 법칙, 샐리의 법칙　88

3 긍정적으로 말하고 긍정적으로 행동하기

웃는 사람은 긍정적인 사람이다　104

긍정적인 사람은 표정이 다르다　116

부정적인 말을 긍정적인 말로 바꾸자　130

긍정적인 사람은 배려하고 양보한다　140

긍정적인 사람은 창의적이다　152

자긍심을 높이는 방법

"다른 사람을 대할 때는
그 사람이 스스로 초라하다고 느끼지 않게 해야 하며,
자신을 대할 때도

자신이 초라하다고 느끼지 않게 해야 한다."
테레사 수녀의 말씀이다.
자신이 초라하고 능력이 부족하다고 생각하는 사람은
결국 자신이 생각하는 대로 아무것도 이루지 못한다.

위대함도 초라함도
모두 자신의 생각이 만든다.

긍정의 힘을 배우는
심리실험실 1

독일의 심리학자 스트랙은

표정을 바꾸면 마음의 상태가 달라진다는 사실을

실험을 통해 증명했다.

그는 실험 참여자들 중 절반에게는

볼펜을 입술로 물게 하고

나머지 절반에게는 볼펜을 이로 물게 했다.

그리고 만화를 보여 준 다음

그것이 얼마나 재미있는지 평가하게 했다.

실험 결과는 예상대로였다.
볼펜을 이로 문 학생들이 입술로 문 학생들보다
훨씬 더 만화를 재미있다고 평가했다.
볼펜을 이로만 물면 억지로 웃음을 짓는 표정이 되고
입술로 물면 웃는 표정을 지을 수가 없다.
가짜 웃음이라도 우리의 감정을 바꿀 수
있음을 알려 주는 실험이다.

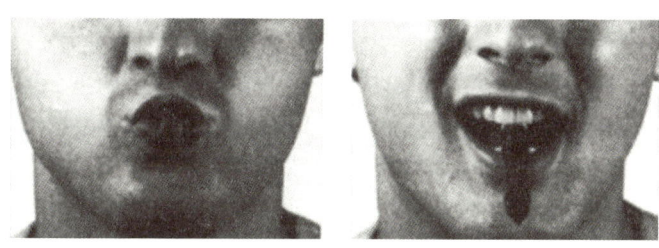

즐겁게 살고 싶다면
우리의 표정부터 바꾸어야 한다.

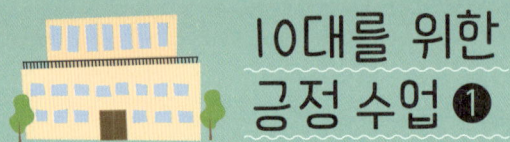

10대를 위한 긍정 수업 ❶

민준이는 아침에 벌떡 일어나 이를 닦고 세수했어. 그리고 거울을 보며 말했지.

"조각 미남은 아니지만 웃는 모습이 참 멋있네!"

세영이는 아침에 잠에서 깨지 못하고 한참을 침대에서 뒹굴다가 간신히 화장실에 가서 이를 닦고 세수했어. 그리고 거울을 보며 이렇게 말했지.

"난 왜 이렇게 못났을까? 엄마 아빠가 참 원망스럽다."

오늘 아침 나의 모습은 민준이와 세영이, 둘 중 누구와 비슷했을까? 혹시 '나는 외모도 별로고, 특별히 잘하는 것도 없고, 친구들에게 인기도 없어서 정말 속상하고 힘들다'고 느꼈던 때가 있었니? 다른 사람한테서 칭찬을 들어도 '그냥 말로만 그러는 거겠지. 나는 잘할 줄 아는 게 없는데 뭘!' 하고 생각해 본 적은?

'나는 참 괜찮은 아이야. 나는 뭐든 잘해' 하고 늘 자신을 자랑스럽게 여기는 사람이 있어. '나는 정말 못났어. 잘하는 게 하나도 없잖아' 하고 늘 자신을 부끄러워하고 미워하는 사람도 있지. 물론 사람 마음이 다 같을 수는 없으니까 어떻게 생각하든 자기 마음이고 자유야. 그런데 참 놀라운 건, 사람은 자기 자신을 어떻게 생각하느냐에 따라 인생이 완전히 달라진다는 사실이야. 자신을 소중히 여기고 자랑스럽게 생각하는 사람과 자신을 부끄러워하고 미워하는 사람, 우리는 어느 쪽을 선택하고 있을까?

세상에 오직 하나뿐인 나

우리는 모두 세상에 단 하나밖에 없는, 가장 귀하고 소중한 존재야. 다른 사람들이 아무리 뭐라고 해도 우리 자신이 절대 잊지 말아야 할, 변하지 않는 사실이지. 자신을 성장시킬 수 있는 강력한 힘을 가진 사람은 바로 '나'야. 이 세상에 살고 있는, 오직 한 사람인 바로 나. 왜냐하면 자기 자신을 끝까지 사랑하고 격려해 줄 수 있는 사람은 이 세상에 '나'밖에 없기 때문이지.

모든 사랑은 '나'로부터 출발해. 집에 커다란 창고가 있다고 생각해 볼까? 요즘은 대부분 아파트나 공동주택에 살고 있어서 창고가 있는 집이 별로 없지? 그냥 필요한 물건을 쌓아 두는 방이라고 상상해 보는 것도 괜찮을 것 같아. 만약 그런 공간에 먹을 것과 귀중한 물건이 가득 차 있다면 어떨까? 마음이 넉넉하겠지? 아무것도 없이 텅 비어 있다면? 당연히 마음의 여유가 없을 거야. 사랑도 마찬가지야. 내 마음에 여유가 있고 넉넉하면 남에게도 나눠 주고 싶은 마음이 생기게 되지. 하지만 내 마음에 여유가 없고 부족하면 남에게 베푸는 것이 쉽지 않아. 내 마음속 창고에 사랑이 가득 차 있어야 누군가에게 사랑을 나눠 주고 싶어지는 게 사람의 마음이야.

긍정적인 사람은 자긍심이 높다

나를 사랑하고 믿는 마음을 '자긍심'이라고 해. 그런데 생각보다 자긍심이 낮은 사람들이 우리 주변에는 참 많아. 어른이 되어서도 자긍심이 낮으면 늘 사는 게 답답하고 힘들다고 투덜거리게 되지. 어려서부터 자긍심을 높이려면 어떻게 해야 할까? 뭐 대단한 노력이 필요한 건 아니야. 생각을 조금만 바꾸면 누구나 자긍심을 높일 수 있어. 이제, 그 방법을 알려 줄게. 정말 쉬우니까 꼭 실천해 봤으면 해.

하나, '부정'의 말을 '긍정'의 말로 바꾼다.

"난 안 돼!", "나는 왜 이 모양일까?" 같은 부정적인 말을 "난 할 수 있어!", "내가 어때서?"라는 긍정적인 말로 바꾸는 거야. 부정적인 말은 그 사람의 생각을 부정적으로 만들고, 생각이 부정적이면 말도 항상 부정적으로 하게 돼. 아무 생각 없이 내가 하는 말을 먼저 생각해 볼까? 만일 평소에 나를 비난하는 말과 부정적인 말을 자주 하고 있다면, 신경을 써서 나 자신에게 힘을 주는 말, 긍정적인 말로 바꿔 보는 거야. '그래, 난 할 수 있어', '난 정말 괜찮은 사람이야' 등등.

둘, 열등감과 정반대로 행동한다.

공부를 못한다면 공부를 잘하는 학생처럼 행동해 보자. 사교성이 없다면 사교적인 사람처럼 행동해 보는 것도 좋은 방법이지. 물론 처음에는 어색할 거야. 마치 남의 옷을 입은 것처럼. 하지만 그렇게 계속하다 보면 조금씩 변화가 느껴질 거야. 어느 순간에 정말 공부를 열심히 하게 되고 자신감 넘치는 생활을 하고 있는 자신의 모습을 발견할 수 있어. 처음에는 나에게 잘 맞지 않는 것 같았던 옷이 나한테 잘 어울리는 옷으로 변신한다고나 할까? 참 신기하지? 이것을 심리학에서는 'As if 테크닉'이라고 해. '마치 ~인 것처럼 행동하는 기술'이라는 뜻이야.

셋, 매일 아침 자신에게 미소 짓는다.
이 세상에서 나를 가장 행복하게 해 줄 수 있는 사람은 바로 나 자신이야. 아침에 일어나서 씻을 때 거울을 보지? 그때마다 거울 속의 나를 보고 미소 짓는 거야. "안녕, ○○아! 난, 네가 참 좋아!"라고 인사를 건네는 것도 아주 좋아. 처음에는 쑥스러울 수도 있어. 그래도 매일 계속 하다 보면 정말 나 자신이 제일 좋고 사랑스러운 존재가 될 거야. 그러면 다른 사람들도 나를 좋아하게 되고. 어때? 오늘부터 당장 해 볼 수 있지?

넷, 잠들기 전에 잘했던 일 세 가지를 떠올린다.
오늘 한 일 중에서 무엇이든 잘했다고 생각하는 일을 하루에 세 가지씩 찾아 보는 거야. 반드시 거창한 일일 필요는 없어. 작고 사소한 것도 칭찬하기에 충분하거든. '약속 시간 5분 전에 도착한 것'이나 '선생님께 공손하게 인사한 것', '엄마의 심부름을 불평하지 않고 한 것'과 같이 평범한 행동 속에서 찾으면 돼.

생각하고 실천하기

- 이 세상에서 나를 가장 아껴야 할 사람은 누구인지, 그 이유는 무엇인지 생각해 보자.

- 아침에 일어나 거울을 보며 환하게 웃어 보자. 그리고 "나는 네가 참 좋아!"라고 말해 보자.

나와 내가 하고 있는 일을 사랑하자

앨버트 그레이는
'성공의 공통분모'라는 주제의 연설에서
자신이 관찰한 성공한 사람들의 모습을 얘기했다.

"성공하는 사람은
성공하지 못한 사람들이
하고 싶어 하지 않는 일을 하는
습관을 가지고 있다.
물론 그들도 그런 일을 하고 싶지 않기는 마찬가지다.
그러나 그들은 목적의식이라는 힘으로
하기 싫은 마음을 극복하고
하기 싫은 일을
하고 싶은 일로 만든다."

내가 일하는 이유

한 소년이 샌프란시스코의 바닷가 언덕 아래에서
용접공들이 기계로 작업하는 광경을 바라보고 있었다.
그 소년은 호기심을 이기지 못하고
쇠기둥을 용접하는 세 사람에게 다가가 차례로 물었다.
"지금 무슨 일을 하고 계세요?"
첫 번째 용접공은 퉁명스럽게 대답했다.
"보면 모르냐! 먹고살려고 이 짓을 하고 있지!"
두 번째 용접공은 귀찮다는 듯 대답했다.

"쇳조각을 용접하는 중이지."
세 번째 용접공은 소년의 질문에
잠시 일손을 놓고 소년을 쳐다보고 미소 지으며 대답했다.
"나는 지금 세상에서 가장 멋진 다리를 만들고 있단다."

세 사람 모두 같은 일을 하고 있는 용접공이었다.
그들은 같은 장소에서 같은 시간 일을 했고
같은 돈을 받았다.
그러나 일에 대한 태도는 완전히 달랐다.

이 세 사람 중 누가 가장 행복했을까?
누가 성공할 수 있었을까?

이 이야기는
열여덟 살에 돈 한 푼 없이 영국에서 미국으로 건너가
서른 살에 백만장자가 된 앤드류 우드가 겪은 일화다.

세상에 하찮고 평범한 일은 없다.
단지 하찮고 평범하게
일하는 태도가 있을 뿐이다.

10대를 위한 긍정 수업 ❷

"벌써 개학이야? 지겨운 학교, 빨리 졸업하고 싶다."
"도대체 공부는 누가 만든 거야? 아, 짜증 나!"
"아이고 지겨워. 오늘도 출근해야 하는구나…….."
"벌써 밥할 시간이네? 아, 힘들다!"

우리 주변을 가만히 살펴보면 이런 불평을 하는 사람들이 참 많아. 자기가 해야 할 일을 앞에 두고 투덜거리는 사람들이지. 자신을 한번 돌아볼까? 혹시 매일 이런 불평을 입고 달고 지내지는 않니?

인간으로 사는 동안 우리는 반드시 해야 하는 일이 있어. 학생은 공부를 해야 하고, 주부는 아이를 키우고 살림을 하고, 직장인은 일을 해야 하지. 게다가 일하면서 공부하는 학생도 있고, 직장을 다니면서 아이 키우고 살림을 하는 엄마도 많아. 직장에 다니면서 공부하고 집안일을 돌보는 아빠들도 있고. 그런데 어떤 일을 하든 일을 하면서 갖는 관점이나 생각은 사람마다 많이 달라.

어떤 사람은 해야 할 일을 반갑게 대하면서 '드디어 이 일을 시작할 시간이다!'라는 마음을 갖지. 반면 어떤 사람은 할 일을 앞에 두고 인상을 쓰면서 '정말 이걸, 이 시간에, 내가 왜 해야 하지?'라고 불평을 한가득 쏟아 내면서 겨우겨우 하고.

자기의 일을 지켜워한다면

한 조사 결과에 따르면 대부분의 어른들은 깨어 있는 시간의 75% 정도를 일과 관련된 활동에 쓴다고 해. 이 활동은 일하는 시간뿐만 아니라 출퇴근하는 데 걸리는 시간과 일과 관련된 이런저런 생각을 하는 시간, 일 때문에 겪었던 긴장을 푸는 시간까지 포함하고 있어. 대략 하루의 4분의 3을 일과 관련된 활동을 하는 데 쓰고 있는 거야. 그럼 학생은 어떨까? 학생이 해야 하는 일은 공부야. 하루에 80% 가까이 공부를 하거나 공부와 관련된 생각을 하고 있다고 가정할 수 있겠지. 정말 긴 시간이지?

이렇게 사람들은 많은 시간을 일이나 공부와 관련해서 보내고 있지만, 안타깝게도 대다수는 일과 공부를 지겹다고 생각해. 물론 일이나 공부를 꾸준히 한다는 것이 쉽지는 않아. 하지만 인생의 의미를, 하루의 80% 정도를 활동하는 일터나 학교가 아닌 곳에서 찾으려고 하는 건 더 어렵고 힘든 일이야. 나머지 20%의 시간에서 인생의 의미나 행복을 찾기 위해 80%의 시간을 그냥 보낸다면, 그 사람이 과연 행복할까?

누구나 행복하길 바라고, 성공하길 원해. 삶의 질을 높이고 싶어 하지. 하지만 자기 삶의 대부분을 차지하는 일이나 공부가 아닌 곳에서 그것을 찾겠다는 생각은 바람직하지 않은 것 같아. 물론 쉬는 시간도 필요하고 즐겁게 놀며 보내는 시간도 필요해. 그러니까 더더욱 일하는 시간, 공부하는 시간만큼은 가치 있는 시간으로 만드는 노력을 해 보는 건 어떨까?

사람들이 자신의 일을 고통으로 받아들이는 이유 중 하나는 그 일이 큰 의미가 없다고 느끼기 때문이야. 단지 먹고살기 위해 일을 한다고 생각하면 얼마나 지겹고 짜증이 나겠니? 공부도 마찬가지야. 만약 어쩔 수 없이 억지로 공부하고 있다면, 그때부터 공부만 해야 하는 세상이 지옥처럼 싫고 고통스러울 거야. 또 공부가 끝난 후에도 그 시간을 불평하면서 시간을 허비할 게 뻔하지. 그런데 더 슬픈 일은 자기의 일을 싫어하면 그 일을 하고 있는 자신까지 미워하게 된다는 사실이야. '나는 하기 싫은 일을 억지로 하는 어리석은 사람이야'라고 자신을 비하하게 되는 거지.

학창 시절에 공부 때문에 아예 행복을 포기했다고 얘기하는 학생이 생각보다 많아. 이런 태도는 현명하지 않아. 그럼 사회에 나가서 하기 싫은 일을 하게 되면 그때 또 행복을 포기할 거야? 그러고 싶은 사람은 이 세상에 단 한 명도 없을 거야. 세상에 자기가 하고 싶은 일만 하면서 사는 사람은 아마 한 명도 없을 거고. 마찬가지로 하기 싫은 일만 하면서 사는 사람도 없어.

그러니 이제부터 생각을 바꿔 보자고! 공부를 '해야 하는 일'이 아니라 '하고 싶은 놀이'로 바꿔 보는 거야. 공부가 어떻게 놀이가 되냐고? 새로운 지식을 알아가는 놀이로 생각하는 거지. 억지로 열심히 하는 학생은 재미있게 공부하는 학생을 이길 수 없어. 재미있게 공부하는 학생은 공부를 좋아하는 학생을 이길 수 없지. 내가 나를 좋아할 때 다른 사람들도 나를 좋아하게 된다고 했지? 내가 공부를 정말 좋아하면 공부가 나를 행복하게 만들어 준다는 사실, 꼭 한번 믿어 봐!

정말 멋진 일이 주어진다면

지금 하고 있는 일에 불만을 갖고 있는 사람은 더 가치 있고 멋진 일이 주어진다면 훨씬 더 즐겁게, 그리고 더 열심히 일할 것이라고 말하곤 해. 그들은 자기가 지금 하고 있는 일에 최선을 다하지 않는 이유는, 그 일이 너무 평범하고 하찮은 일이기 때문이라고도 하지. 그러면서 지금 하고 있는 일에 대해 주변 사람들에게 끊임없이 불평을 털어놔. 왜 그럴까?

한 가지 이유는 그렇게 하는 것이 열심히 하고 있지 않은 자신을 변명할 수 있게 해 주기 때문이야. 하찮은 일이기 때문에 열심히 하지 않는 거라고 변명하면 스스로 죄책

감을 가지지 않아도 되거든.

그런데 이보다 더 중요한 이유가 있어. 하고 있는 일에 대해 투덜거리면 다른 사람에게 나는 '이런 일' 정도에 만족할 사람이 아니라는 것을 보여 주게 되지. 그러면서 스스로 대단한 사람이 된 듯한 기분을 느끼기 때문이야.

미국 푸르덴셜 보험회사의 임원이었으며, 30년 동안 보험 전문 판매인이자 판매 프로그램 개발자였던 앨버트 그레이는 '성공의 공통분모'라는 주제로 이런 연설을 했어.

"열심히 일하면서도 성공하지 못하는 많은 사람들의 경우와, 반대로 열심히 일하지 않는데도 성공하는 사람들을 보면서 저는 '근면과 노력이 성공의 필요 요소라는 것은 분명하다 할지라도 절대적인 것은 아니다'라는 사실을 알게 되었습니다. 그들의 성공 비결에는 '공통분모'가 있었습니다. 바로 실패자들이 하기 싫어하는 일을 기꺼이 한다는 것입니다. 성공하는 사람은 성공하지 못한 사람들이 하고 싶어 하지 않는 일을 하는 습관을 가지고 있습니다. 물론 그들도 그런 일이 하고 싶지 않기는 마찬가지입니다. 그러나 그들은 목적의식이라는 힘으로 하기 싫은 마음을 극복하고 '하기 싫은 일'을 '하고 싶은 일'로 만듭니다."

여기서 '일'이라는 단어를 '공부'로 바꿔서 다시 읽어 보자. 아마 공감할 수 있을 거야. 남다른 성과를 낸 사람은 작고 사소한 일, 남들이 하기 싫어하는 일도 하고 싶은 일로 만들었어.

하기 싫은 일도 하다 보면 좋아하게 되고, 때로는 하고 싶어서 선택했는데도 하기 싫어지는 경우도 있어. 중요한 건 생각을 바꾸는 거야. 무슨 일을 하든 그 일을 하고 싶은 일로 만드는 거지. 그러면 그 일이 재미있어질 뿐만 아니라 잘하는 일이 되기도 해.

자, 이제부터 반드시 '해야만' 하는 공부, 미술, 음악, 운동을 '하고 싶은' 공부, 미술, 음악, 운동으로 만들어 보자.

사람은 마음만 먹으면 뭐든지 할 수 있는 존재야. 내가 하는 일에 자신감과 애정이 있으면 행복한 삶도 성공한 인생도 모두 내가 선택할 수 있다는 사실, 꼭 기억하자!

생각하기

- 나는 지금 공부를 억지로 하고 있는지 즐겁게 하고 있는지, 아니면 즐겁게 하려고 노력하고 있는지 생각해 보자.

실천하기

● 아침에 잠에서 깨자마자 기지개를 켜면서 "와! 아침이 밝았구나!" 하며 즐거운 마음으로 벌떡 일어나 보자.

나를 깊이 사랑하려면

어떻게 하면 친구들이 나를 좋아하게 만들 수 있을까?
많은 학생들이 그 방법을 알려 달라고 물어 온다.
그럴 때면 나는 이렇게 대답한다.

"사람들에게 사랑받고 싶다면,
자기 자신을 사랑하는 법부터 배워야 한다.
세상에서 자기 자신이 쳐 놓은 덫만큼
끔찍한 덫은 없으며
열등감이나 자기연민만큼
사람과의 관계를 가로막는 장벽은 없다."

당신 안에 있는 두려움

닉 부이치치는 장애를 가지고 태어났다.
그의 병명은 태어날 때부터 팔다리가 없는
선천성 사지 무형성.
여덟 살에 자살을 생각하고 열 살에 자살을 시도할 만큼
절망과 좌절감으로 힘든 유년 시절을 보냈다.
그러나 지금 그는
누구보다 행복하고 즐거운 삶을 살고 있다.

그는 시련과 고난 속에서 희망을 발견했다.

장애에 대한 편견과 차별 때문에 힘든 사람이

자기 혼자만이 아니라는 사실을 깨닫게 된 것이다.

그는 언제나 마이너스가 아니라 플러스 쪽을 바라본다.

그래서 그는 늘 강하고 당당하다.

그는 늘 이렇게 말한다.

"장애란 것은 당신 안에 있는 두려움이고,
그것이 최고의 장애다."

10대를 위한 긍정 수업 ❸

"나는 왜 늘 이 모양일까?"
"내가 봐도 나는 한심해."

입버릇처럼 자기 자신을 비난하고 나쁘게 말하는 습관을 가진 학생이 많아. 시험을 못 보면 "내가 뭐 그렇지"라고 말하고, 거울을 보면서 "매력이라고는 눈곱만큼도 없잖아!" 하며 투덜대곤 해. 나는 이런 학생들을 보면 용기를 주고 싶은 마음도, 칭찬해 주고 싶은 마음도, 위로해 주고 싶은 마음도 잘 생기지 않아.

사람들은 자기를 아끼는 사람을 좋아한다

자기를 비난하고 자신에게 투덜거리는 것을 '자기비하'라고 해. 많은 학생들이 습관처럼 자신을 깎아내리는데, 그 이유가 뭘까?

우선 자기를 비하하거나 침울한 모습을 보이면 선생님이나 부모님, 친구들이 관심을 기울여 주기 때문이야. 불쌍한 모습을 보이면 다른 사람들이 나에게 어려운 것을 요구하지 않아서 좋고, 한편으로 나에게 격려와 용기를 주며 위로해 주지. 한번 생각해 볼까? 일부러 자신을 불쌍해 보이도록 행동한 경험 있지?

하지만 주변 사람들의 관심과 위로는 잠깐일 뿐이야. 사람은 스스로를 불쌍하게 여기고 깎아내리는 사람을 오랫동안 좋아할 수가 없어. 왜냐고? 우선 상대에게 계속 관심을 갖는 건 무척 피곤한 일이야. 게다가 우울하거나 자신을 비하하는 나쁜 감정은 주변에 전염되어 함께 불쾌해질 수 있어. 기분이나 감정은 함께 있는 사람에게도 영향을 미치거든. 부정적인 사람과 오래 지내면 나쁜 감정 이외에는 얻을 것이 없다고 사람들은 생각해. 결국 그 사람을 점점 멀리하고 말지.

자신에게 불만이 많으면 세상이 온통 못마땅하게 느껴져. 반면에 스스로 만족하고 기분이 좋으면 다른 사람에게도 너그러워지게 돼. 부모님이나 친구가 나에게 너그럽고 친절하게 대한다면? 그건 나 역시 부모님과 친구에게 사랑스럽고 따뜻하게 대하고 있다는 증거인 거야. 그 반대도 마찬가지지. 주변 사람들이 나를 대하는 태도를 가만히 지켜보면 내가 평소에 주변 사람들을 어떻게 대하는지 알 수 있어. 누군가 나를 함부로 대한다면 그 책임의 일부는 나에게도 있는 거야.

 이제 알겠지? 계속해서 스스로를 불쌍하게 여긴다면 우린 정말로 불쌍한 사람이 되고 만다는 사실을. 하지만 언제 어디서든 스스로를 사랑스럽게 여긴다면 정말로 사랑받는 사람이 될 가능성이 높아. 마찬가지로 나를 자랑스럽게 여긴다면 자랑스러운 사람이 될 가능성도 높아져. 같은 사람이 마음먹기에 따라 이렇게 달라질 수 있다니 놀랍지 않니?

자기도취와 자기애, 이런 점이 다르다

 자기 자신에게 푹 빠져 마음이 온통 자신에게만 쏠려 있는 사람을 '자기도취'에 빠져 있다고 해. 하지만 '자기애'는 자신의 가치를 높이기 위해 자기 자신을 사랑하는 것을 말하지. '자기애'와 '자기도취'는 행동에서 많은 차이를 보여.

자기애가 깊은 사람은 자신에게 이미 만족하고 있기 때문에 남에게 자신을 과장해서 보여 줄 필요를 느끼지 않아. 다른 사람이 나를 어떻게 평가하는지도 크게 신경 쓰지 않지. 나보다 뛰어난 사람을 만나도 그 사람과 나를 비교하지 않아. 내가 다소 능력이 부족해도 내가 처한 환경을 탓하지 않지.

자기애가 깊은 사람은 남에 대한 시기심을 느끼지 않기 때문에 다른 사람에게 칭찬을 아끼지 않는 편이야. 자기보다 못하다고 해서 무시하지도 않고. 그 사람이 가진 그대로를 인정하는 경향이 있어. 혼자 있더라도 불안해 하지 않고, 시간을 가치 있게 쓰려고 노력하지. 하지만 자기도취에 빠진 사람은 자기애를 가진 사람과 정반대의 행동을 하기 때문에 쉽게 구별할 수 있어.

만날 때마다 즐겁고, 자주 만나고 싶고, 언제든 같이 놀고 싶은 친구가 있니? 그런 친구는 주변 사람들을 편하고 즐겁게 해 주지? 아마 자신감이 넘치면서도 교만하지 않고, 친구들의 의견도 잘 들어 줄 거야. 물론 이런 친구와 함께 있으면 저절로 기분이 좋아질 테고. 이런 친구가 바로 자기애가 깊고 자긍심이 높은 사람이야.

자기연민 버리고
자기를 먼저 사랑하자

　나 자신을 대하는 내 태도를 긍정적으로 바꾸면 평소의 행동이 달라지고, 행동이 달라지면 나에 대한 주변 사람들과 세상의 반응도 달라질 거야. 이렇게 하려면 먼저 나를 사랑하는 연습이 필요해. 나는 소중하고 사랑스러운 존재니까. 나를 진흙탕에 던져 버릴 수 있는 사람도, 거기서 일으켜 세울 수 있는 사람도 나 자신이야. 나 자신을 먼저 사랑하는 것은 곧 다른 사람들과 좋은 관계를 맺는 지름길이기도 해. 자, 이제 아침에 거울 보며 웃기, 나에게 힘과 용기를 줄 긍정적인 말 찾아보기 등 나를 사랑하는 연습을 꾸준히 해 볼 수 있겠지?

가족, 친구, 선생님과 잘 지내고 싶지? 그렇다면 먼저 자기 자신과 친해져야 해. 다른 사람에게 사랑받기를 원한다면 먼저 자기를 사랑해야 하지. 세상에 대한 사랑이나, 세상으로부터 받는 사랑은 항상 자기에 대한 사랑으로부터 나온다는 사실, 꼭 기억하자!

생각하고 실천하기

- 나는 나를 좋아하는지 싫어하는지, 내가 자랑스러운지 창피한지 생각해 보자.

- 자존감, 자긍심, 자존심, 자기애, 자아도취, 열등감, 자기비하, 자기연민의 정확한 뜻을 찾아보자.

긍정적인 사람은 질문이 다르다

성공한 사람은 실패한 사람과 질문이 다르다. 그들은 "무엇이 문제인가?"라는

질문보다는
"무엇이 가능하지?",
"어떻게 할 수 있지?"와 같은
질문을 더 좋아한다.
긍정적인 질문은
언제나 긍정적인 답을 만들어 낸다.

긍정의 힘을 배우는
심리실험실 2

영국의 정신분석학자 하트필드는
《심리학의 힘》이라는 책을 통해
긍정적 암시가 얼마나 큰 힘을 발휘하는지
실험으로 증명했다.
그는 세 가지 조건에서 실험을 했다.
첫째, 아무런 암시가 없는 평소 상태에서
주먹을 쥐는 힘을 측정하는 악력기를 힘껏 쥐게 했다.
이때의 평균 악력은 101파운드였다.

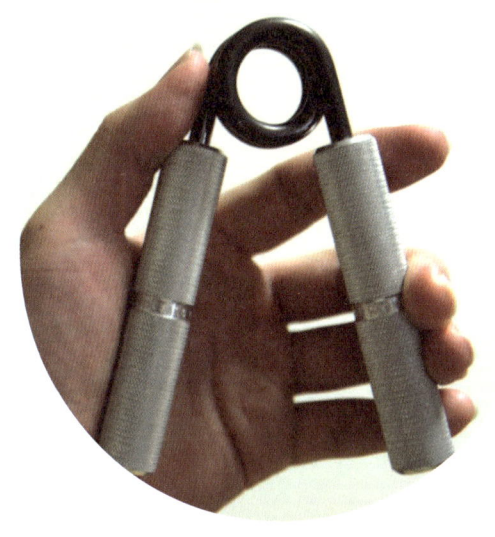

둘째, 최면술로 "당신은 힘이 없다"고 암시를 준 후
악력을 쟀다.
이때의 악력은 평균 29파운드에 불과했다.
셋째, "당신은 힘이 강하다"는 암시를 준 후
악력을 쟀다.
이때의 평균 악력은 무려 142파운드에 달했다.
'강하다'는 마음만 먹어도 참여자들의 악력은
무려 50%나 증가했다.

10대를 위한
긍정 수업 ❹

"**내가** 해낼 수 있을까?"

"어차피 난 못할 텐데."

우리는 종종 자기 자신에 대해 부정적인 질문을 하고 기분 나쁜 답을 할 때가 참 많아. 부정적인 질문이 무조건 나쁘다고 할 수는 없어. 그런 질문을 통해 반성하면서 우리는 성장하게 되니까. 하지만 대부분의 부정적인 질문은 부정적인 답을 찾게 만드는 경향이 있어. 그리고 부정적인 답은 우리의 감정과 행동을 부정적으로 만들기도 해. 바로 이 점이 문제가 되는 거지.

스스로에게 "난 왜 이렇게 못났을까?"라고 부정적으로 질문했을 때, 우리의 뇌는 대부분 그 부정적인 질문에 맞는 부정적인 답을 찾아내기 때문이야. 부정적인 답을 찾다 보면 결국 기분도 부정적으로 바뀌곤 하지.

먼저 질문을 바꿔 보자

예를 들면 이런 실험을 해 보는 거야. 스스로 "난 왜 이렇게 수학이 하기 싫을까?"라는 질문을 해 봐. 그러면 우리의 뇌는 곧 답을 찾아낼 거야. "수학에 재능이 없어." "적성에 안 맞아." 그러면서 수학에 대한 불쾌한 감정이 떠오르고 결국은 수학 공부를 포기하고 싶은 마음이 들게 되지. 또 이렇게 질문할 수도 있어. "난 왜 이렇게 인기가 없을까?" 우리 뇌가 찾아낸 답은 아마도 "키가 작잖아", "피부가 까맣잖아", "생긴 게 별로야" 등일 거야. 그다음엔 당연히 실망, 좌절, 포기, 자기연민 같은 불쾌한 감정에 빠지게 되겠지. 그러다 보면 표정이 어두워지고, 다른 사람들을 시큰둥하게 대할 것이고, 나중에는 정말 인기가 없는 사람이 될 가능성이 높아지는 거지.

연습 없이 한 번에 잘되는 일은 별로 없어. 마찬가지로 기분을 망치는 생각들도 열심히 하다 보면 그 방면에 도가 트게 돼. 자신에게 부정적인 질문을 하면서 자신을 부정적으로 보는 생각을 자꾸 하면 투덜거리고, 절망하고, 포기하는 것에 달인이 되겠지.

그렇게 되고 싶지 않다면 자신에게 던지는 질문을 바꿔야 해. 어떻게 바꾸면 좋을까? "내가 잘할 수 있는 것은 뭐지?" "내가 수학을 잘하려면 어떻게 해야 하지?" "친구들과 사이좋게 지내려면 무엇을 해야 할까?" 이 질문과 앞에서 말한 질문의 차이를 알겠니? 맞아. 내가 못하는 걸 찾지 않고 잘하는 걸 찾는 거야. 다시 말해 나에게 긍정적인 질문을 던지는 거지. 그러면 우리의 영리한 뇌는 그 질문에 대한 긍정적인 답을 찾아낼 거야.

생각하기

● 평소에 나는 자신에게 긍정적으로 말을 거는지, 부정적으로 말을 거는지 생각해 보자.

실천하기

- "내가 가장 잘하는 게 뭐지?"라고 자신에게 질문하고 답해 보자. 그리고 "내가 가장 못하는 게 뭐지?"라고 질문하고 답해 보자. 두 질문에 대한 답을 적고 서로 비교해 보자.

부정적인 생각을 긍정적인 생각으로 바꾸자

언젠가 한 학생이 대인관계와 학업 문제 때문에 고민이 있다고 찾아왔다.
그 학생은 자신을 지나치게 비판하면서 괴로워했다.

나는 한참 동안 학생의 말을 들어 주다가 이렇게 말했다.
"자네는 경찰서로 가서 자수를 해야겠네."
이 말에 그 학생은 의아한 듯 나를 쳐다보았다.
나는 학생의 눈을 지그시 바라보며
이렇게 충고해 주었다.
"나는 자기 자신을 학대하는 것도
심각한 범죄라고 생각하네."

긍정의 힘을 배우는
심리실험실 3

부정적인 생각을 하면

얼마든지 어둡고 나쁜 것을 찾아낼 수 있다.

한 가지 간단한 실험을 해 보자.

주위를 한 번 둘러보자.

그리고 푸른색의 것들을 찾아보자.

그다음, 잠시 눈을 감고

떠오르는 것들의 이름을 말해 보자.

어떤 것들이 떠오르는가?

대부분 푸른색의 것들이 떠오를 것이다.

왜 그럴까?

말할 것도 없이 푸른색의 것들을 찾으며

푸른색인 것들을 머릿속에 입력했기 때문이다.

자신을 한심하게 만드는 방법은 간단하다.
내가 한심하게 생각하고 행동했던 것을
계속해서 찾으면 된다.

10대를 위한 긍정 수업 ❺

고민이 있다면서 나를 찾아와 상담을 하는 사람들 중에는 의외로 타인에게는 관대하면서 자신에게는 엄격한 사람이 많아. 우리는 어떤지 생각해 볼까? 뭔가 일이 잘못되었을 때 주로 남을 비난하고 처지를 탓하니? 아니면 다 내 책임이고 잘못이라고 생각하니?

모든 게 자신의 잘못이라고 생각하는 사람은 자기 자신을 대할 때 매우 엄격한 잣대를 가지고 있거나, 자신에게 굉장히 인색할 확률이 높아. 그런 사람은 타인에게는 친절하고 그들이 잘못했을 때 쉽게 용서하면서도, 자신에게는 불친절하고 자신의 실수를 용서하는 데는 무척 엄격한 경향이 있어.

그런데 함께 생각해 볼까? 자신에게 친절하지 않고 자신을 용서하지 못하는 사람이 진정으로 다른 사람을 사랑하고 용서하는 게 가능할까?

나를 아끼자

세상에는 밝고 좋은 면도 있지만 어둡고 나쁜 면도 있어. 이 두 가지는 빛과 어둠이 함께 있는 것처럼 언제나 함께 있지. 사람도 마찬가지야. 밝고 긍정적인 면만 있지 않아. 어둡고 부정적인 면에 신경 쓰는 것 또한 우리 모두에게 있는 감정이지. 이런 과정은 지극히 정상적이고 필요한 감정이야. 왜냐하면 어둠이 있어야 밝음을 볼 수 있고, 더 밝은 쪽으로 변화하려고 노력할 수 있기 때문이지.

하지만 계속 어둡고 나쁜 면만 보고 있으면 도무지 살아갈 의욕이나 기운이 나지 않게 되는 경우가 많아. 자기에 대한 부정적인 생각은 부정적인 감정과 부정적인 행동을 만들어 내게 돼. 예를 들어 '나는 머리가 나쁜 것 같아'라고 생각해 볼까? 이 생각은 곧바로 '해봤자 되겠어? 머리가 나쁜데……'라는 생각을 낳게 될 거야. 그리고 결국은 할 수 있는 일조차도 포기하도록 만들겠지. 생각이 행동에까지 영향을 미치기 때문이야. 그러면서 자기에 대한 실망, 우울함과 분노는 점점 커져 갈 테고. 정말 안타까운 일이야.

게다가 이런 감정들은 '머리가 나쁘다', '할 수 있는 게 없다'는 생각을 확실하게 증명해 주는 증거가 되어 버리고 말아. 그래서 '그것 봐, 난 머리가 나쁜 게 확실해!'라는 결론을 내리게 되는 거지.

다른 사람을 무시하고 원망하는 사람은 이룰 수 있는 게 별로 없어. 마찬가지로 자신을 무시하고 질책하는 사람 역시 세상을 원만하게 살거나 행복해지는 건 어려워. 자기 자신에게 만족하고 기분이 좋아야 다른 사람에게도 너그럽게 대할 수 있으니까 말이야. 자신을 하찮게 여기고 미워하면 다른 사람도 미워지고 세상도 싫어져.

비행기 타 본 적 있니? 비행기가 이륙하기 전에 승무원이 안전교육을 하잖아. 내용을 들어 보면, 사고가 났을 때 아이와 함께 탑승한 부모는 반드시 부모 먼저 산소마스크와 구명조끼를 입은 후 아이에게 입히도록 권하고 있어. 왜 그럴까? 부모가 먼저 안전을 준비해야 당황하지 않고 아이를 돌볼 수 있기 때문이야. 위기 상황에서 급한 마음에 아이를 먼저 보호하려다가 당황해서 아이는 물론 부모도 안전 장비를 미처 착용하지 못할 수 있거든. 이런 위기 상황이 아니라고 해도 우리는 자신을 먼저 돌봐야 해. 그래야 다른 사람도 돌볼 수 있으니까.

먼지 낀 유리창을 보는 사람, 창밖의 아름다운 경치를 보는 사람

어떤 사람은 창 너머 아름다운 석양을 바라보지만, 어떤 사람은 유리창에 내려앉은 뿌연 먼지만 보기도 해. 무엇을 볼 것인지, 그 선택은 순전히 우리 자신의 몫이야. 아침 밥상에 반찬이 없다고 불평하는 사람에겐 짜증만 남아. 오늘도 배불리 먹을 따뜻한 음식이 있고, 아침 일찍 일어나 가족을 위해 아침밥을 차려 주는 엄마가 있다는 고마운 사실을 잊고 사는 거지. '학교에는 왜 매일매일 가야 하나?'라고 투덜거리는 사람은 아버지가 아침부터 저녁 늦게까지 매일매일 고생해서 벌어 온 돈으로 내가 학교에 다니고 있다는 사실을 잊고 있는 거고.

나처럼 심리치료를 하는 사람의 목표는 상담하러 온 사람의 부정적인 성향을 긍정적으로 바꾸는 거야. 아직까지 찾아내지 못했던 가능성을 찾아 그것을 이루도록 도움을 주는 거지. 그런데 그런 도움조차 줄 수 없는 사람들이 있어. 바로 '할 수 없다'는 생각을 머릿속 깊이 갖고 있는 사람들이야. 이런 사람들은 달라질 가능성의 문을 아예 닫고 있거든.

행복해지고 싶다면 '행복할 수 있다'고 생각해야 하고 성공하려면 '성공할 수 있다'고 생각해야 해. 행복도 성공도 불가능하다고 생각하는 사람은 절대로 원하는 것을 이룰 수 없어. 그런 부정적인 생각은 불가능한 이유만 수없이 떠올리게 하고, 힘들고 어려운 환경과 친해지도록 자신의 뇌가 조종한다는 사실, 잊지 말자!

생각하기

● 나를 아끼고 위하는 사람이 행복하게 살까? 아니면 나를 업신여기고 가볍게 여기는 사람이 행복하게 살까?

실천하기

- 오늘 내가 한 일 중 잘한 일을 찾아보고, 내 손으로 내 어깨를 두드리며 스스로 격려해 보자.

긍정적으로
생각하는 법

다른 사람이 갖고 있지 못한 것에 눈을 돌리면
내가 갖고 있는 것이 얼마나 많은지
깨달을 수 있다.

고대 페르시아 속담에
"발이 없는 사람을 보기 전까지는
내게 신발이 없다는 사실을 슬퍼했다"는
말이 있다.
만일 이유 없이 우울하다면,
전 세계 인구 중
나와 처지를 바꾸고 싶어 하는 사람이
얼마나 많을지 생각해 보자.

긍정의 힘을 배우는
심리실험실 4

처음에 가벼운 물건을 들었다가
그다음에 무거운 물건을 들면
처음 들었을 때보다 훨씬 더 무겁게 느껴진다.
이처럼 우리가 사물의 크기나 무게를 판단할 때
다른 것과 비교해서 판단하고 느끼는 현상을
심리학에서는 '대비 원리'라고 한다.

독일의 정신물리학자 베버가 실험으로 밝혀내어

'베버의 법칙'이라고도 한다.
베버는 물리적인 자극의 강도와
주관적으로 느끼는 감각의 정도가
어떤 관계가 있는지 연구했다.
연구 결과, 가벼운 추를 비교할 때는
작은 차이만 있어도 구별이 가능하지만

무거운 추를 비교할 때는
상대적으로 무게의 차이가 훨씬 더 커야
분별이 가능하다는 사실을 확인했다.
베버의 법칙은
삶의 여러 분야에서도 똑같이 적용된다.

10대를 위한 금정 수업 ❻

어느 날 친구가 찾아와 이런 고민을 털어놓는다면 어떤 이야기를 해 줄 수 있을까? "사람들 앞에만 서면 손이 떨려. 사람들이 나만 본다고 생각하면 손 떨림이 멈추질 않아." 심리학자나 정신과 의사, 경험 많은 어른이 아니더라도 이런 조언은 해 줄 수 있지 않을까? "너무 긴장해서 그럴 거야. 마음을 편하게 갖는 게 어때?"

어려운 대답이 아니지? 틀린 조언도 아니야. 그런데 그 친구는 내 말을 듣고 손 떨리는 증상이 멈추었을까? 쉽지 않았을 거야. 사람들 앞에서 마음을 편하게 할 수 있었다면 애당초 손을 떨지 않았을 테니까. 더구나 마음을 편하게 먹으려고 애쓸수록 더 긴장되고, 결국 손 떨림을 멈추지 못했을 거야.

빅터 프랭클의 치료법

그런데 정신과 의사인 빅터 프랭클은 다음과 같은 방법으로 환자의 손 떨림을 깨끗이 치료했어. 어떻게 했는지 볼까?

프랭클 자! 저와 함께 손 떨기 시합 한번 해볼까요?
환 자 시합이라뇨? 그게 무슨 뜻입니까?
프랭클 우리 두 사람 중 누가 더 빨리, 그리고 오랫동안 손을 떨 수 있는지 겨루어 보자는 얘기지요.

환 자 아니, 선생님도 손을 떠세요? 그런지 몰랐는데.

프랭클 나는 손을 떨지 않지만, 마음만 먹으면 얼마든지 그렇게 할 수 있어요. (그러고는 정말 빠르고 심하게 손을 떨어 보인다.) 자, 이번에는 당신이 떨어 보세요.

환 자 선생님은 저보다 더 빨리 떨 수 있네요. (환자는 평소보다 더 빨리 손을 떤다. 그리고 웃는다.)

프랭클 더 빨리 떨어 보세요. 그 정도로는 안 돼요. 훨씬 더 심하게 떨어 보세요.

환 자 안 돼요. 더 이상 심하게 떨 수 없어요.

빅터 프랭클을 찾아온 이 환자는 48세의 주부로 손을 심하게 떨어 커피를 흘리지 않고 마시기가 힘들 정도였어. 그녀는 남 앞에서 글을 쓸 때도 손을 떨었고, 책을 손에 들고 읽을 수도 없었어. 그러나 면담을 끝낸 후 그녀는 손을 떨지 않았을 뿐 아니라 커피를 한 방울도 흘리지 않고 마실 수 있게 되었다고 해.

우리가 처음 쉽게 생각했던 방법과 빅터 프랭클의 방

법은 뭐가 다를까? 우리는 손을 떨지 않게 하는 데 초점을 맞추고 조언을 했어. 그런데 빅터 프랭클은 완전히 다르게 생각한 거지. 환자에게 손을 더 떨도록 요구했으니까.

빅터 프랭클은 의도적으로 손을 떨지 않으려는 환자에게 증상을 더 과장하도록 한 거야. 그러자 환자는 손을 떠는 증상에 집착하고 있는 자신의 모습을 보고 웃게 되었지. 지나치게 과장된 증상과 현재 상태를 대비시켜서 여유를 찾게 만든 거야.

어떤 증상을 제거하려고 하면 할수록 그 증상에 집착하게 돼. 또한 집착이 심해지면 그만큼 더 긴장하기 때문에 증상이 나빠지는 현상이 반복되곤 해. 하지만 자신의 증상을 극단적으로 과장하게 하면 현재의 증상이 훨씬 가볍게 느껴지는 원리인 거지.

그 얼마나 다행인가

빅터 프랭클은 유대인이라는 이유로 지옥과 같은 아우슈비츠 수용소 생활을 했어. 수용소에서 풀려난 후에는 《죽음의 수용소》와 《생의 의미를 찾아서》라는 책을 출간했지. 그는 이 책들에서 중노동, 굶주림과 추위, 질병과 정신적·육체적 학대 등 삶과 죽음이 교차되는 순간순간의 고난을 이겨내는 데 '더 큰 고난이 있음을 인정하는 것'과 '유머'가 얼마나 중요한지를 생생하게 묘사하고 있어.

그는 수용소에서 밤에 잠자기 전에 옷에 붙어 있는 이를 잡을 수 있는 것만으로도 감사했어. 온기 하나 없고 천장에는 고드름이 매달려 있는 막사의 추위 속에서 이를 잡는 일은 그에게도 결코 즐거운 일이 아니었겠지. 그러나 그는 '만약 이 순간에 갑자기 공습경보가 울려 전등이 꺼져 이를 잡지 못하는 상황과 비교한다면, 지금 이라도 잡을 수 있으니 얼마나 다행인가!'라고 생각했다는 거야.

물론 불이 켜져 있어도 이를 모조리 잡을 수는 없었지. 그렇지만 몇 마리라도 잡을 수 있으면 한 마리도 못 잡는 것보다는 편히 잠들 수 있다고 생각한 거야. 더 심한 상황을 가정해서 오히려 현재의 고난에 감사하는 대비의 기술, 이런 생각과 행동이 그에게 삶을 포기하지 않게 만든 원동력이 된 거고!

그가 수용소에서 풀려난 후, 어떤 사람이 유대인 포로들의 생활을 찍은 사진들을 보여 주면서 얼마나 끔찍했느냐고 물었어. 그 사진은 선반 같은 침대 위에 뼈만 앙상하게 남은 사람들이 겹겹이 누워 멀뚱한 눈으로 밖을 바라보고 있는 포로들의 모습을 담고 있었지. 빅터 프랭클은 사진을 보여 준 사람에게 이렇게 말했어. **"어떤 순간의 고난이 비록 참기 힘든 것이라고 할지라도 결코 상상할 수 있는 가장 처참한 것은 아닙니다."** 결국 더 심한 고난과 고통을 생각한다면 지금이 조금 더 나은 상황이라고 여길 수 있고, 그러니 견뎌 낼 수 있다고 긍정적으로 생각하게 된다는 말이지.

불행하다면,
더 처참한 상황을 상상하자

너희들은 친구가 시험을 엉망으로 봤다고 속상해 하면 어떤 기분이 드니? 같이 속상한 마음이 드니, 아니면 나는 그럭저럭 봤으니 다행이라는 생각이 드니?

우스갯소리로 '남의 불행은 곧 나의 행복'이라는 말이 있지? 그래서는 안 되는데, 선생님께 심하게 꾸중 듣는 친구를 보며 나는 꾸중을 듣지 않아서 다행이라고 속으로 생각한 적이 한 번쯤은 있을 거야. 슬픈 영화를 보고 난 후엔 내가 영화 속 주인공이 아니어서 다행이고, 아프리카 난민들이 나오는 다큐멘터리를 보고 내가 아프리카에 태어나지 않은 것이 정말 다행이라고 생각한 경험도 아마 있었을 거야.

다른 사람이 갖지 못한 것에 눈을 돌리면 내가 가진 것이 얼마나 많은지 깨달을 수 있어. 그리고 그것들을 당연하게 여기지 않고 감사하는 마음이 들게 되지. 우리가 갖고 있는 것에 감사하는 마음이 생기면 자신과 다른 사람을 위해 더 많은 일을 할 수 있게 돼.

혹시 지금 불행하다는 생각이 드니? 우울해서 어쩔 줄 모르겠어? 그렇다면 지금보다 더 나쁘고 처참한 상황을 한번 상상해 보면 어떨까? 그러면 지금 겪고 있는 어려움과 고통이 훨씬 더 가볍게 느껴질 거야. 그리고 다시 뭔가에 도전할 수 있는 용기도 생길 거고. 함께 시도해 볼까?

생각하고 실천하기

- 내 친구 중에 나와 처지를 바꾸고 싶어 할 친구는 누구일까? 반대로 내가 처지를 바꾸고 싶은 친구는 누가 있을까?

  ....

  ....

  ....

  ....

- 처지를 바꾸고 싶은 이유를 생각해 보고, 지금 이대로 감사할 방법을 찾아보자.

  ....

  ....

  ....

  ....

머피의 법칙,
샐리의 법칙

삶이란

우리 인생 앞에 어떤 일이 생기느냐에 따라

결정되는 것이 아니라

우리가 어떤 태도를 취하느냐에 따라 결정된다.

우리에게 일어나는 일의 90%는

우리가 마음대로 바꿀 수 없는 것이며,
10%만이
우리가 마음대로 바꿀 수 있는 것이다.
**우리의 운명은
우리가 마음대로 선택할 수 있는
이 10%에 의해 결정된다.**

긍정의 힘을 배우는
심리실험실 5

머피의 법칙(Murphy's law)은

잘못될 가능성이 있는 일은 반드시 잘못된다는 뜻이다.

샐리의 법칙(Sally's law)은

주위에서 일어나는 일들이 우연히도

자신에게 유리하게 풀린다는 의미다.

남녀 대학생 176명을 대상으로 설문 조사를 했다.

그동안 겪었던 일들을 회상하면서

머피의 법칙 또는 샐리의 법칙 중

자신이 어느 쪽에 해당하는지 판단하게 한 것이다.

머피의 법칙 28.7%, 샐리의 법칙 71.3%,
긍정적인 성향을 가진 학생들의 조사 결과였다.
머피의 법칙 86.9%, 샐리의 법칙 13.1%,
부정적인 성향을 지닌 학생들의 조사 결과였다.

**이것이 바로 긍정적인 성격을 가진 학생들과
부정적인 성격을 가진 학생들의 차이다.**

머피의 법칙은 내가 바라는 바와 달리 일이 꼬일 때 자주 사용하는 말이야. 예를 들어 급한 일이 있을 때 길을 건너려면 신호등은 항상 빨간불이고, 내가 숙제를 안 한 날 선생님은 꼭 숙제 검사를 하는 상황에서 쓰는 말이지. 다음은 내 수업을 듣는 대학생들이 경험한 머피의 법칙이야.

- 우산 갖고 가면 날씨가 개고, 우산을 두고 가면 비가 온다.
- 오랜만에 지각하지 않고 일찍 강의실에 도착했는데, 칠판에 휴강이라고 쓰여 있다.
- 평소에 출석을 안 부르던 교수님이 내가 결석한 날 출석을 부르신다.
- 벼르고 별러서 마음에 든 옷을 사면, 다음 날 50% 할인을 한다.
- 지하철에서 겨우 앉았는데 할아버지가 내 앞으로 오신다.

머피의 법칙과 반대로 샐리의 법칙이라는 말이 있어. 주위에서 일어나는 일들이 우연히도 자신에게 유리하게 풀릴 때 사용하는 말이야. 대학생들이 경험한 샐리의 법칙을 알아볼까?

- 사정이 있어 결석했는데 때마침 그날 휴강이다.
- 내내 놀다가 시험 전에 잠깐 본 내용이 출제된다.

- 모처럼 예쁜 옷을 입고 나오면 마음에 드는 사람을 만난다.
- 친구가 산 옷이 마음에 들어 다음 날 사러 가니 그날부터 30% 할인을 시작한다.

누구나 하는 일마다 연달아 꼬인 경험이 있을 거야. 그럴 때 '나는 정말 운이 없나?', '하는 일마다 꼬이기만 하네?' 하면서 불평하는 사람이 있어. 반대로 '난 정말 운이 좋은가 봐!', '하는 일마다 술술 풀리는 것 같아!' 하면서 만족하는 사람이 있어. 정말 누구는 운이 없고, 누구는 운이 좋은 것일까?

나는 머피형 인간인가, 샐리형 인간인가?

머피와 샐리. 이 두 단어는 부정적인 사람과 긍정적인 사람을 비유할 때 대표적으로 쓰는 말이야. 똑같은 상황에

부딪히더라도 머피형 인간과 샐리형 인간은 서로 다른 생각을 하는데, 왜 그럴까?

내가 오랫동안 만나서 상담한 사례들을 기초로 분석해 본 결과, 둘 사이에는 뚜렷한 차이점이 있었어. 그건 바로 상황을 어떻게 보느냐는 관점의 차이였어. 똑같은 사건과 상황이더라도 머피형이 보는 관점과 샐리형이 보는 관점은 많이 달랐지. 주로 다음의 세 가지 관점에서 차이가 났어.

첫째, 사건의 원인이 지속적인가, 아닌가.
둘째, 한 가지 사건에 제한된 것인가, 다른 일들도 모두 관계된 사건인가.
셋째, 내 탓인가, 환경 또는 남 탓인가.

머피형 인간, 즉 부정적인 성향을 가진 사람은 나쁜 일이 생기면 그 원인을 자기 안에서 찾아. 그리고 지속적이거나 영구적이고, 전반적이라고 생각해. 그러나 샐리형 인간, 즉 긍정적인 성향을 가진 사람은 나쁜 일이 생겨도 그 원인을 외부에서 찾아. 남과 환경에서 찾는 거지. 그리고 이 일은 일시적이고, 이 사건에만 그렇다고 생각해.

조금 어렵지? 이해하기 쉽게 예를 하나 들어 볼게. 집에 빨리 가야 하는데 택시가 잡히지 않는 상황이라고 치자. 샐리형 인간은 '오늘은(일시적) 택시가 잡히지 않는군'이라고 생각해. 반면 머피형 인간은 '왜 항상 나는 일이 계속(지속적) 꼬이지?' 하고 투덜거리지. 시험 성적이 나쁘게 나왔을 때, 샐리형 인간은 '이번 영어 시험(제한적)은 망쳤군' 하고 생각하는 반면, 머피형 인간은 '난 공부체질(전반적)이 아니야'라고 생각하지.

우산이 없는데 비가 오면, 샐리형 인간은 '날씨(환경 탓)가 변덕이 심하군!'이라고 생각하는 반면, 머피형 인간은 '내가 우산을 안 가져오면(자기 탓) 꼭 비가 와!'라고 원망하는 차이가 있어.

개가 무서우면
개가 더 잘 보이는 이유

이제 무슨 말인지 이해되니? 다시 간단하게 설명하면 내게 일어나는 상황을 어떻게 받아들이냐에 따라 머피형 인간이 되기도 하고, 샐리형 인간이 되기도 한다는 뜻이야. 사실 머피의 법칙을 믿는 사람이든 샐리의 법칙을 믿는 사람이든 어떤 상황이 일어날 확률은 누구에게나 비슷해. 때로는 좋지 않은 일이 연속해서 닥칠 때도 있겠지만, 그만큼 좋은 일도 연달아 일어날 수 있거든. 중요한 건 이 모든 것을 어떤 마음가짐으로 받아들이느냐에 따라 매사 긍정적인 사람이 될 수도 있고, 부정적인 사람이 될 수도 있다는 거야.

사람은 같은 사실이나 상황을 보고도 각기 다른 방식으로 이해해. 세상이나 사물 또는 자신에 대한 이해의 틀이 사람마다 다르기 때문이지.

예를 들어 개에 관해 어떤 사람은 네 발로 걷고, '멍멍!' 하고 짖으며, 털이 있고, 날카로운 이빨이 있으며 사람을 해친다는 생각을 갖고 있어. 반면 어떤 사람은 네 발로 걷거나 짖는 것에 대해서는 같은 생각이어도, 털이 부드럽고, 사람을 좋아하며, 귀여운 동물이라고 생각할 수 있어.

개를 두려워하는 사람은 개가 사람을 해칠 수 있다고 생각해서 개만 보면 피할 거야. 반면 개를 사랑스러운 존재라고 생각하는 사람은 개를 보면 반가워하고 다가가서 쓰다듬어 주려고 하겠지. 이처럼 사람들이 각자 경험하고 있는 세상과 자기에 대한 생각의 틀이 무엇이냐에 따라 느끼는 감정과 드러나는 행동은 매우 달라져.

부정적인 생각의 틀을 가지고 있는 사람은 꼬이는 일들에 더 민감하게 주의를 기울이고, 그것만 기억할 뿐 아니라 더 잘 기억해 내곤 해. 그래서 재수 없는 일들이 자신에게만 더 자주 일어난다고 판단하는 거지.

콩밥에는 콩이 많은가, 쌀이 많은가?

　엄마가 맛있는 콩밥을 했다고 생각하자. 밥그릇에 콩이 많아? 아니면 쌀이 더 많아? 일반적으로 콩이 쌀보다 적게 들어 있어. 콩이 정확히 28.5% 섞여 있다고 가정해 볼까? 당연히 쌀은 71.5%가 있을 거야. 그렇다고 모든 사람이 콩이 적다고 대답한다는 보장은 없어. 콩을 싫어하는 사람 눈에는 콩이 더 잘 보이기 때문이야. 그러나 전체 밥 한 공기에 들어 있는 콩은 3분의 1도 안 되는 게 분명하지.

　우리가 생활하면서 겪는 무수히 많은 일들 중 꼬이는 일의 횟수는 사실 아주 적어. 생각해 보면 버스를 타려고 정류장에 도착하자마자 내가 타려던 버스가 금방 출발했던 날보다, 버스를 기다렸다가 자연스럽게 탔던 날이 더 많았잖아. 마찬가지로, 전화를 하려고 마음먹었을 때 곧바로 통화가 가능했던 때가 통화 중일 때보다 더 많았고, 꼬이지 않고 원만하게 풀렸던 일들이 우리 주변에서는 훨씬 더 많았던 것이 사실이야.

너무 평범하고 당연한 일은 우리가 관심을 기울이거나 잘 기억하려고 하지 않는 경향이 있어. 자기에게 일어나는 일의 90%가 평범하게 지나가고 10%가 제대로 풀리지 않을 경우, 풀리지 않는 10%의 일을 생각하는 데에만 90%의 에너지를 쓰는 사람들이 있어. 그렇게 계속 생각하는 사람들의 공통된 문제는 늘 우울하고, 괴롭고, 짜증 나는 인생을 살아간다는 거야.

머피의 법칙에서 벗어나려면 평소 습관적으로 하던 부정적인 질문을 긍정적인 질문으로 바꾸면 돼. "못마땅한 일이 뭐지?"라고 묻는 대신에 "별 무리 없이 잘 되고 있는 일은 뭐지?"라고 묻는 거야. 또 "내가 갖고 있지 못한 것은 뭐지?"라는 질문은 "내가 지금 갖고 있는 것은 뭘까?"라는 질문으로 바꾸어 보는 거야. 어때? 어렵지 않지?

생각하고 실천하기

- 음료수 병에 음료수가 반이 남았을 때, 반밖에 안 남았다는 사람이 있고, 반이나 남았다고 하는 사람이 있다. 나는 어떻게 생각하는 유형인지 실험해 보자.

  ....

  ....

- 공책에 원을 그려 보자. 기분 나쁜 일이 있거나, 꼬이는 일이 있거나, 나만 불행하다는 생각이 들 때마다 원 안에 파란색으로 점을 찍어 보자. 저녁에 내가 그린 원 안에 파란 점이 더 많은지 아니면 나머지 흰 공간이 더 많은지 확인해 보자.

  ....

  ....

웃는 사람은 긍정적인 사람이다

복도에서 모르는 친구와 어깨를 부딪쳤다.
친구가 험악하게 인상을 쓴다면?
나도 화난 표정으로 친구를 바라본다면?
결과는 좋지 않을 것이다.

친구가 미안하다고 사과하면서 웃는다면?
나도 미안한 표정으로
"괜찮아?"라고 물었다면?
크게 다투지 않고 기분 좋게 가던 길을 갔을 것이다.

웃음은 힘이 세다.

긍정의 힘을 배우는
심리실험실 6

유머와 건강의 관계를 장기간 연구해 온 프라이 박사.

그는 사람은 웃을 때

혈액순환이 원활해지고,

상체의 근육활동이 활발해지고,

호흡이 늘어 산소 공급이 증가한다는 사실을 확인했다.

그의 연구 결과에 따르면

10분 동안 배꼽이 빠지게 웃는 것은

10분 동안 노를 젓는 것과 같은 운동 효과가 있다.

그래서 웃고 난 다음에는 적당히 운동을 하고 나서
느끼는 것과 같은 편안함을 느낄 수 있다.

웃음과 유머는 대인관계를 원만하게 하고
긴장감을 완화시킬 뿐만 아니라
창의성도 증진시킨다.

창의적인 사람은 유머 감각이 뛰어날 확률이 높다.
유머와 창의성은 서로 공통점이 많기 때문이다.
유머는 서로 어울리지 않는
두 가지 이상의 이미지나 아이디어, 사건을
다른 사람들이 예상하지 못하는 방식으로
연결시킬 때 발생한다.

창의성 역시 보통 사람들이 생각하지 못하는
사물이나 아이디어의 연결고리를 찾아낼 때 생긴다.
따라서 웃는 일을 많이 만들어 내는 사람은
그만큼 창의성도 높다.
창의성과 유머는 서로 통한다.

10대를 위한 긍정 수업 ❽

"어떤 직장 동료를 좋아하세요?"

어느 백화점에서 남녀 직원들을 대상으로 조사한 설문 내용이야. 조사 결과는 어땠을까? 예쁘고 잘생긴 사람이었을까? 아니었어. 남자 직원들은 '밝은 미소를 지닌 사람'을 1위로 꼽았어. 여자 직원들 역시 '재치와 유머가 있는 사람'을 최고로 꼽았다고 해. 왜 이런 조사 결과가 나왔을까?

침팬지는 DNA가 인간과 99%나 일치하지만 인간처럼 웃거나 미소를 짓지 못해. 물론 침팬지는 표정을 관리하는 근육이 발달해 다른 포유류보다 감정 표현 능력이 훨씬 더 뛰어나기는 하지. 눈살을 찌푸려 불쾌한 감정을 나타내거나 눈을 말똥말똥 떠서 호기심을 표현하고, 화가 나면 무서운 표정으로 이빨을 드러내기도 해. 그럼에도 불구하고 침팬지는 결코 인간처럼 웃거나 미소를 짓지는 못하지.

인간은 부모의 보살핌을 받는 기간이 지구상에서 가장 긴 동물이야. 다른 동물에 비해 체력이 약한 인간은 스스로를 보호하기 위해 두뇌를 우수하게 발달시킬 필요가 있었어. 그래서 오랜 기간 부모의 보살핌을 받으며 성장하는 시간이 필요했던 거야. 아기는 부모의 보호를 지속적으로 받기 위해서 성장 기간이 짧은 다른 동물들에 비해 부모에게 잘 보일 필요가 있었겠지? 그래서 인간에게 진화된 기능 중 하나가 바로 미소와 웃음이야. 말로 소통하지는 못해도 부모와의 유대감을 유지하는 데 웃음이 꼭 필요했던 거지.

웃음은 우호적 관계를 형성한다

웃음은 아이들이 부모와 유대감을 유지하기 위해서만 필요한 게 아니야. 성인들 사이에도 친밀감을 형성하고 유지하는 데 꼭 필요한 요소라고 할 수 있어. 미소와 웃음은 좋은 관계를 맺는 중요한 수단이야.

"웃는 낯에 침 못 뱉는다"는 속담, 알고 있지? 아무리 난처한 상황이라고 해도 웃는 사람에게 화를 내기는 어렵기 때문에 이 속담이 생겼어. 물론 거짓 웃음이거나 상대를 깔보는 웃음이라면 더욱 화를 부르겠지. 웃거나 미소를 지으면, 다투거나 싸울 생각이 없고, 좋은 감정이 있다는 신호를 보내게 돼. 사람은 자신에게 좋은 감정을 가지고 있는 사람을 좋아하는 성향이 있거든.

"유머야말로 현대 정신건강의 가장 위대한 발명이다." 멕시코의 시인이자 작가이며 비평가였던 옥타비오 파스의 말이야. 웃음은 상대에 대한 적대감을 약화시킬 뿐만 아니라 웃는 사람의 분노감과 긴장감을 줄여 주기도 해.

정신분석학자 프로이트는 웃음과 유머가 사람의 나쁜 감정을 해롭지 않은 방식으로 정화시키기 때문에 심리적 긴장을 완화시키는 기능을 갖고 있다고 주장했어. 또한 프로이트는 유머야말로 인간이 가진 가장 우아한 무기 중 하나라고 주장했지.

사람은 누구나 우울하고 괴로운 기분이 들 때가 있어. 그때 함께 있던 친구가 유쾌한 농담을 걸어 오면 처음엔 시큰둥하다가도 점차 주변 친구들이 따라 웃게 되고, 그러다 보면 어느새 기분이 풀리게 되지. 웃음은 심리적인 긴장뿐만 아니라 신체적 긴장도 부드럽게 해 줘. 배꼽을 잡고 웃다 보면 온몸의 긴장이 풀리잖아.

웃음은 갈등 상황을 해결해 준다

우리는 기분이 좋을 때 웃어. 하지만 즐겁지 않을 때도 웃는 경우가 있어. 어색하거나 쑥스러울 때 뒤통수를 긁적거리면서 겸연쩍게 웃곤 하잖아. 이처럼 즐거운 상황이 아닌데도 웃는 데는 나름의 이유가 있어.

매우 독특한 웃음 중 하나가 수줍을 때의 웃음이야. 마음에 드는 이성 친구와 처음으로 눈이 마주쳤을 때 우리는 어떻게 하지? 바로 달려가서 사귀고 싶다고 말하나? 그럼 상대는 바로 뒤돌아서 도망가지 않을까? 남자는 여자처럼 웃음으로 감정 표현을 세밀하게 하는 편은 아니야. 그런데 여자는 다양한 미소로 감정 표현을 잘하는 편이지. 눈길을 살짝 돌리면서 수줍은 미소를 짓는 행동은 자기 마음을 노골적으로 드러내지 않고 긴장된 모습을 감추면서도 좋은 감정을 표현하는 몸짓 언어라고 볼 수 있겠지?

얼마 전 버스 정류장에서 목격했던 일이야. 대학교 신입

생처럼 보이는 남학생 한 명이 막 출발하려는 버스를 타려고 뛰어가더라고. 운전사는 그 학생을 못 봤는지 그냥 가 버렸어. 버스를 놓친 그 학생은 다시 정류장으로 돌아오면서 어색한 웃음을 지었어. 이 상황에서 그 학생은 왜 웃었을까?

 타려던 버스를 놓친 아쉬움이 있었겠지. 그리고 약간은 화가 났을 거야. 그렇지만 버스 정류장에 서 있는 사람들이 다 보고 있는데 그런 감정을 표현할 수는 없었을 거야. 솟구치는 아쉬움과 분노, 반면 그것을 억제하려는 갈등 상태가 되어 버렸겠지. 이런 복잡한 상황을 부드럽게 넘길 수 있도록 도와주는 게 바로 웃음이야. 창피하거나 어색한 순간을 가장 자연스럽게 피하게 해 준다는 점에서 웃음은 또 다른 매력이 있어.

생각하고 실천하기

● 가벼운 웃음 덕분에 우울한 기분이 좋아졌거나, 어색한 상황에서 벗어나 본 적이 있는지 생각해 보자.

● 친구나 동생과 다투었다면 먼저 눈을 마주치고 미소를 지어 보자.

긍정적인 사람은 표정이 다르다

억지로라도 웃으면 기분이 좋아진다.
물론 처음에는 어색하다.
하지만 억지로 웃는 기괴한 표정을
거울에 비추어 보면
그 묘한 표정 때문에라도
절로 웃음이 난다.

웃다 보면 기분이 좋아지고
기분이 좋아지면 생각도 밝아진다.
사고방식이 긍정적으로 바뀌면
웃음 역시 자연스럽게 나오게 마련이다.
웃어야 하는 상황에서 웃는 것은 누구나 할 수 있다.
그러나 행복하게 살 수 있는 사람은
웃을 수 없는 상황에서도
웃을 줄 아는 사람이다.

긍정의 힘을 배우는
심리실험실 7

《웃음의 치유력》이라는 책의 저자 노먼 커즌스.
그는 원래 잡지사의 편집장이었다.
1964년에 그는 50세의 나이에
강직성 척수염에 걸려
의사로부터 회복 불능이라는 진단을 받았다.
하지만 그는 의사의 진단에 아랑곳하지 않고
즐거운 감정이 자신의 병을 치료해 줄 것이라 믿었다.
그는 주치의에게 부탁하여

'몰래 카메라' 같은 코미디를
병실에서 보며 배꼽을 잡고 웃기 시작했다.
진통제와 수면제 없이는 잠을 잘 수 없었던 그가
10분 정도 배꼽을 잡고 웃은 다음에는
2시간 정도 편안한 잠을 잘 수 있었다.
이렇게 일주일이 지난 다음에는
엄지손가락을 통증 없이 사용할 수 있게 되었다.
그렇게 웃으며 몇 년 동안 지낸 결과,

그는 테니스와 골프뿐만 아니라
승마까지 즐기게 되었다.
병이 완치된 1968년, 그는 자신의 경험을 담은
《웃음의 치유력》을 출간했고,
미국에서 40주 동안이나 베스트셀러가 되었다.
이 책을 보면 웃음이 질병의 치료에
얼마나 막강한 영향력을 발휘하는지 알 수 있다.
커즌스는 75세까지 건강하게 살았으며
여러 병원에 폭소 치료팀을 두도록 도왔다.
웃음과 질병에 관한 연구 업적을 인정받아
UCLA 의과대학교 교수로 초빙되기도 했다.

웃음은 주변 사람에게 전염되며,
질병도 낫게 하는 힘이 있다.

10대를 위한 긍정 수업 ❾

TV에서 코미디 프로를 볼 때 다른 사람과 함께 보면 더 자주 웃거나 더 크게 웃게 되는 경험을 해 본 적이 있지? 각자의 웃음소리가 함께 있는 사람을 흥분하게 하는 효과가 있어서 그런 거야.

이런 효과 때문에 여러 명이 함께 코미디를 보면 더 크게 웃게 되지. 이렇게 다른 사람이 웃으면 따라 웃게 되는 현상을 심리학에서는 '**감정 전염**'이라고 해. 개그 프로그램이나 시트콤 드라마에서는 일부러 중간에 가짜 웃음소리를 집어넣곤 하잖아. 가짜 웃음소리를 듣는 것만으로도 시청자들이 더 재미있어 하기 때문이야.

심리학자 스미스는 40명의 남녀 대학생들을 두 집단으로 나누어 유머가 삽입된 녹음을 들려주었어. 한 집단에게는 청중이 내는 가짜 웃음소리가 삽입된 녹음을 들려주었고, 다른 집단에게는 이야기 내용은 같지만 가짜 웃음소리가 삽입되지 않은 녹음을 들려주었지.

그 결과, 가짜 웃음이 삽입된 녹음을 들은 집단이 그렇지 않은 집단보다 더 자주 웃고(19회 : 6회), 더 오래 웃었으며(19초 : 5초), 코미디 내용을 더 재미있다고(93점 : 75점) 평가했어. 정말 재미있는 실험 결과지?

수십 년 동안 웃음에 관한 연구를 해 온 메릴랜드 대학교 로버트 프라빈스 박사는 사람들이 혼자 있을 때보다는 여럿이 함께 있을 때 평균 30배 정도 더 많이 웃는다고 주장한 바 있어. 그러니 많이 웃기 위해서는 유쾌한 사람들과 함께 어울릴 필요가 있겠지?

억지로라도 웃어야 하는 까닭

눈을 감아 봐. 그리고 입이 아플 정도로 입술을 귀 쪽으로 당기고 이를 드러내 환하게 웃는 표정을 지어 보는 거야. 그리고 마음속에 떠오르는 생각들을 가만히 살펴봐. 어떤 사람이, 그리고 어떤 사건들이 떠오르니?

이번에는 이를 악물고 화가 난 표정을 지어 봐. 마찬가지로 머릿속에 자유롭게 떠오르는 생각들을 찾아보자. 아마도 웃는 표정을 지을 때와 화난 표정을 지을 때, 각기 다른 사람들과 다른 사건들이 떠오를 거야.

기분이 좋아지면 사람은 웃게 돼. 이건 누구나 다 아는 사실이지? 그런데 억지로라도 웃으면 기분이 좋아진다는 사실을 아는 사람은 거의 없어. 그래서 심리학의 아버지라고 불리는 윌리엄 제임스는 이렇게 주장했어. "사람은 행복하기 때문에 웃는 것이 아니라, 웃기 때문에 행복하다." 정말 기막힌 발상이지 않니?

사람들은 얼굴 표정이 기분을 겉으로 표현하는 기능만 갖고 있다고 봤어. 그러나 윌리엄 제임스의 주장에 동의하는 연구자들은 흥미로운 실험에 도전했어. 사람은 기분에 따라 표정이 달라지지만, 표정이 달라지면 기분에 어떤 변화가 일어나는지 실험한 거지.

레어드라는 심리학자는 실험에 참여한 사람들에게 아이들의 사진을 보여 주면서 사진 속의 아이가 얼마만큼 공격적인지 평가하게 했어. 한 조건에서는 얼굴을 찡그린 채로, 그리고 다른 조건에서는 환하게 웃으면서 사진을 보게 했지. 연구 결과, 앞의 경우가 뒤의 경우보다 아이들을 더 공격적이라고 판단했어. 결국 우리의 표정이 다른 사람들에 대한 우리의 감정에 영향을 미친다는 거야.

표정을 바꾸면 감정이 달라진다

표정을 밝게 지으면 기분이 좋아질 뿐만 아니라 과거를 회상할 때도 기분 좋은 일들이 더 많이 생각나. 레어드는 대학생들에게 재미있는 내용의 글과 분노를 유발하는 신문기사를 읽게 했어.

시간이 지난 후 학생들에게 웃는 표정과 찡그린 표정을 짓게 해서 전에 읽었던 내용들을 전부 회상하게 했어. 예상대로 미소를 지었을 때는 재미있는 내용을 기억해 냈고, 찡그린 표정을 지었을 때는 화가 나는 기사 내용을 더 많이 기억해 냈어.

이렇게 감정과 표정은 서로 연결되어 있어. 기분이 달라지면 얼굴 표정이 변해. 마찬가지로 얼굴 표정이 달라지면 감정도 따라 변하지. 인상을 잔뜩 찌푸리고 있으면 모든 일이 못마땅해 보이고, 억지로라도 행복한 미소를 짓고 있으면 기분이 좋아질 수밖에 없는 거야. 이처럼 표정에 따라 감정 상태가 달라지는 것을 심리학에서는 '**안면피드백 이론**'이라고 해.

억지로라도 웃으면 기분이 좋아진다고 했지? 물론 처음에는 조금 어색할 거야. 하지만 억지로 웃는 기괴한 표정을 거울에 비추어 보면 그 이상한 표정 때문에라도 웃게 돼. 웃다 보면 기분이 좋아지고, 기분이 좋아지면 생각도 밝아지게 돼.

생각이 긍정적으로 바뀌면 웃음 역시 자연스럽게 나오게 마련이야. 보통 사람들은 주로 우스울 때 웃어. 그러나 행복한 사람은 웃을 일이 없을 때조차도 웃곤 해. 그래서 더 행복해지기도 하거든. 아까 윌리엄 제임스가 주장했던

말 기억나니? 기억나지 않는다고? 그렇다면 이번에는 소리 내서 세 번 읽어 보자.

"사람은 행복해서 웃는 것이 아니라, 웃기 때문에 행복하다."

생각하기

● 학생들에게 인기가 많은 선생님과 그렇지 않은 선생님을 표정과 웃음을 중심으로 비교해 보자.

실천하기

- 억지로 밝은 표정을 지었을 때 떠오르는 생각과 억지로 찡그린 표정을 지었을 때 떠오르는 생각을 적어 보자.

부정적인 말을 긍정적인 말로 바꾸자

무력감과 슬픔을 주는 말
이놈의 공부 지겹다, 지겨워.
언젠가 할 거야.

난 원래 이런 사람이야.
돈만 많다면…….
나는 할 수 없어.
모두 너 때문이야.
일류 대학만 갈 수 있다면…….
해 봤자 소용없어.

용기와 희망을 주는 말
공부라도 할 수 있어서
다행이야.
지금 당장 시작하자.
난 반드시 변할 거야.
돈을 많이 벌려면…….
나라고 왜 안 돼?
다 내가 하기 나름이야.
일류 대학?
그건 그렇게 중요하지 않아.
일단 해 봐야지.

생각한 대로, 말하는 대로

"공부하는 것 힘들지 않니?"라고 물었을 때,
"힘들긴 하지만 열심히 하려고 해요"라고
말하는 학생과 "아, 공부 정말 싫어요!"라고
잘라 말하는 학생이 있다고 치자.
이들의 미래는 어떻게 달라질까?
지금은 비슷한 실력을 갖고 있다고 해도
시간이 지난 후의 성적은 눈에 띄게
차이가 나지 않을까?

"공부가 정말 싫다!"고 잘라서 말한 학생은
말했던 대로 점차 공부를 싫어하게 되고
결국은 성적이 떨어질 것이다.
반대로 "열심히 해 보겠다"고 말한 학생은
당연히 재미없는 과목도 더 열심히 하게 될 것이고,
결국은 성적이 올라
나중에는 공부를 좋아하게 될 가능성이 높다.

10대를 위한
긍정 수업 ⑩

"말이 씨가 된다"는 속담은 말한 대로 결과가 나타나기 때문에 항상 말은 신중하게, 그리고 긍정적으로 해야 한다는 뜻이야. 실제로 "피곤해 죽겠어!", "정말 지겨워!"라고 입버릇처럼 말하는 사람치고 인생을 여유롭게 살고 있는 사람은 없어. 밝은 표정으로 "할 수 있다!"고 씩씩하게 자주 말하는 사람이 절망하는 경우는 별로 없고.

무심코 뱉은 말 때문에

얼마 전 잘 아는 사람의 소개를 받고 찾아온 고등학생을 상담한 적이 있어. 이 학생은 학교 성적도 매우 우수하고, 집안에서도 별다른 문제를 일으키지 않았던 모범생인데, 갑자기 학교를 중퇴하겠다고 말한 것이 나와 상담한 이유가 됐어. 나는 당연히 그 까닭을 물었지.

그 학생은 혼자 공부해도 충분히 가능하기 때문에 학교 수업이 별 의미가 없다고 생각했대. 그러다가 별 생각 없이 친구에게 '학교를 다닐 필요가 없을 것 같다'고 말했고, 친구가 '정말 안 다닐 거야?'라고 묻기에 엉겁결에 '그렇다'고 대답한 모양이야. 그 말이 결국 다른 친구들과 담임 선생님에게 전해졌고, 부모님한테까지 전해진 거지. 꼭 그렇게 의도하지 않았는데 자퇴가 바꿀 수 없는 사실이 되고 나니 학교에 가는 게 부담스러워지고, 그래서 무단 조퇴와 결석을 하고, 결국에는 가출까지 하게 된 거야. 학교를 그만두기로 결정했지만 실제로 실행에 옮기게 된 진짜 원인은 별 생각 없이 뱉은 말 한마디 때문이었던 거지. 말 한마디 잘못한 게 이렇게 걷잡을 수 없는 결과를 만들었기 때문에, 말이 씨가 된다는 속담이 이 학생에게 딱 들어맞았다고 할 수 있어.

행동을 바꾸려면 말투부터 바꿔 보자

'안 된다!', '싫다!', '못 한다!' 등의 부정적인 말은 실패를 부르고, '가능하다!', '좋아한다!', '해 보겠다!' 등의 긍정적인 말은 성공을 가져와. 그래서 행동을 바꾸려면 일단 말투부터 바꿔야 해.

행복한 사람과 불행한 사람의 차이는 그들이 사용하는 말에 있고, 사용하는 말을 관찰해 보면 그 사람이 어떤 사람인지 알 수 있어. 말은 다른 사람이나 일에 대한 태도뿐만 아니라 의사소통에도 영향을 미치거든.

내가 지금 어떤 상태에 있는지 알고 싶으면 어떤 단어를 습관적으로 사용하고 있는지 관찰해 보면 돼. 그리고 지금보다 더 나은 상태로 변화하기를 원한다면 사용하고 있는 단어부터 바꿔야 해. "난 역시 안 돼!"와 같은 부정적인 말을 평소에 습관적으로 하고 있다면, "나라고 왜 못해!"와 같은 긍정적인 말을 하는 습관으로 바꾸는 거야.

평소에 긍정적으로 말하는 것이 습관이 되면 우리의 뇌는 나에게 힘과 용기를 줄 거야. 이렇게 긍정적으로 생각하고 긍정적으로 행동하다 보면 우리를 대하는 주변 사람들의 태도가 많이 바뀔 거야. 물론 우리의 행동도 확 달라질 거고. 할 수 있겠지?

생각하기

● 부모님이나 친척이 나에게 "공부하는 것 힘들지?"라고 물었을 때 나는 어떻게 대답했는지 기억해 보자.

실천하기

- 아침에 일어나서 내가 제일 처음 하는 말이 무엇인지 일주일 동안 메모해 보자. 또 아침에 교실에 들어갈 때 처음 친구와 나누는 말과 표정이 어떤지 일주일 동안 메모해 보자.

긍정적인 사람은 배려하고 양보한다

어느 날 초원을 거닐던 사자와 소가

사랑에 빠져 결혼했다.

둘은 서로에게 최선을 다하기로 약속했다.

소는 최선을 다해서 날마다 맛있는 풀을

사자에게 대접했고,

사자 역시 최선을 다해서

맛있는 살코기를 소에게 대접했다.
사자도 힘들고 소도 괴로웠지만
서로가 상대를 배려해서 하는 행동임을 알고
참기로 했다. 하지만 어느 순간 도저히 더 이상은
참을 수가 없게 된 소와 사자는 심하게 다투었고
결국은 헤어졌다. 헤어지며 서로에게 한 말은 이랬다.

"나는 최선을 다했어!"

긍정의 힘을 배우는
심리실험실 8

보덴이라는 심리학자는

공격 행동과 보복의 악순환을 확인하기 위한

실험을 실시했다.

학생들에게 에세이를 쓰게 한 다음

그것을 서로 바꿔 채점하게 했다.

그리고 작성자에게

전기자극(인체에 해롭지는 않지만 불쾌감을 주는)을

주도록 지시했다.

에세이를 못 썼다고 생각하면 강한 전기자극을 주고
잘 썼다고 생각하면 약한 전기자극을 주게 한 것이다.
누군가 먼저 전기자극을 받으면 다음에는 교대해서
자극을 받은 사람이 상대방의 에세이를 평가하고
점수에 따라 상대방에게 자극을 주게 했다.
실험 결과, 참가자들은 에세이 내용과 상관없이
**자기가 받은 전기자극만큼
상대방에게 되돌려주는 것으로 나타났다.**

"너 요즘 많이 날씬해졌네?"

친구가 이렇게 인사말을 하면 대부분의 여학생은 어떻게 반응할까? 대개는 "너는 더 예뻐졌는데 뭐!"라고 대답할 가능성이 높아. "저는 선생님이 정말 좋아요!" 이런 말을 제자한테 들은 선생님은 어떨까? "나도 ○○이가 참 좋아"라고 대답해 줄 가능성이 높아.

반대의 경우는 어떨까? 만약에 "너 같은 애 정말 싫어!"라는 말을 친구에게 했다면? 친구는 아마도 "나도 너 같은 친구 싫어!"라고 대답하겠지. 친구에게 "내가 고쳐야 할 단점을 좀 지적해 줄래?"라고 부탁하는 상황을 가정해 볼까? 친구가 나의 단점을 정확하게 하나하나 지적해 주고 있다면 기분이 어떨까? 내가 부탁했으니까 화를 내면 안 되겠지? 그런데 계속 듣고 있으면 속에서 화가 치미는 걸 느끼게 될 거야. "그러는 너는?" 하면서 바로 따지고 싶어질 수도 있어.

사람의 마음은 다 비슷해. 칭찬과 격려의 말을 들으면 상대에게 그대로 돌려주고 싶어지지. 비난과 지적을 당했을 때도 마찬가지야. 틀린 말이 아닌 줄 알면서도 상대를 비난하고 지적할 거리를 찾게 되거든.

다른 사람에게 칭찬받는 방법은 먼저 상대를 칭찬하는 거야. 친구에게 "예뻐졌다!"고 칭찬하면, 그 친구 역시 내게 비슷한 칭찬을 되돌려주잖아. 이것은 마치 누군가 나에게 점심을 사 주었다면, 다음에는 내가 사야겠다고 생각하는 것과 같아. 이처럼 '다른 사람이 우리에게 베푼 호의만큼 나도 베풀어야 한다'고 생각하는 심리를 심리학에서는 **'상호성의 원리'**라고 해.

양보가 말처럼 쉽지 않은 까닭

《이솝 우화》에 이런 이야기가 나와. 아마 읽은 적이 있을 거야. 염소 한 마리가 시냇물 위에 있는 외나무다리를 조심스럽게 건너고 있었어. 그때 맞은편에서 또 다른 염소 한 마리가 다리를 건너오고 있었고. 결국 외나무다리 한가운데서 두 염소는 만나지. 누군가는 뒤로 물러나야 다른 쪽이 건너갈 수 있는 상황이야. 그런데 둘은 끝까지 서로 양보하라고 머리를 맞대고 힘을 겨루다가 결국에는 둘 다 물속에 빠지고 말지.

친구나 동생하고 다투어 본 적 있지? 싸우다가 한 사람이 양보해서 쉽게 해결된 경험이 있을 거야. 한쪽에서 양보하면 보통은 상대방도 한 발 물러서서 자기의 잘못을 인정하게 되거든. 도로가 갑자기 좁아지는 상황에서 운전자들이 서로 먼저 가려고 하면 교통이 마비되지만, 순서를 지켜 서로 양보하면 교통 흐름이 원활해지는 것도 비슷한 원리야. 왜 이렇게 될까? 이유는 바로 양보가 양보를 낳기 때문이지.

양보가 미덕이라는 사실을 모르는 사람은 없을걸? 그런데 왜 그렇게 양보하기가 힘든 걸까? 왜냐하면 먼저 양보를 하면 '지는 것'이라는 그릇된 생각을 하기 때문이야. '먼저 양보하면 손해'라는 생각도 마찬가지지.

예를 들어 친구나 동생과 싸우다가도 누군가 한쪽이 양보하면 쉽게 화가 풀려. 하지만 이 사실을 잘 알면서도 막상 이런 상황에서 양보하기 힘든 이유는, 자기가 힘이 약하고 잘못해서 양보한다는 생각이 들기 때문이야. 따라서 '너 죽고 나 죽는' 상황을 뻔히 예상하면서도 서로 양보하지 못하는 거지. 계속 싸우면 부모님께 호되게 혼날 것을 알면서도 싸움을 계속하게 되는 거야. 이런 심리는 어른들 사이에서도 자주 일어나는 일이지.

운전 중에 자기 차 앞으로 차선을 바꾸려는 차에게 양보하지 않는 사람이 많아. 특히 양해를 구하지 않고 갑자기 끼어들면 일단 놀라게 돼. 사고가 날지도 모르는 상황이었다면 더 화가 나지. 그런데 다음 신호에서 앞차만 신호를 받고 가 버리면 내가 엄청 손해를 본 것 같다는 기분이 들어. 다음 신호까지 기다리는 동안 짜증도 나고. 그것뿐만이 아니야. 양보해서 들어온 게 아니라 나를 놀라게 하면서 끼어든 사실 때문에 더 기분이 상했거든. "아니, 저게 사람을 뭘로 보고……"라고 중얼거린다면, 그것은 기분이 많이 상했다는 증거야. 운전 중에 화내고 욕하는 어른들을 보면 어떤 생각이 드니?

눈에는 눈, 이에는 이

나는 아직도 기억이 생생한, 비인간적인 처벌을 목격한 경험이 있어. 중학생 시절, 수업 중에 만화를 보면서 낄낄거리는 두 친구를 선생님이 불러냈어. 선생님은 두 학생을 마주 보게 세운 다음, 한 학생에게 상대방의 뺨을 치라고 한 거야. 머뭇거리는 그 학생을 선생님은 호되게 다그쳤어. 그 학생은 마지못해 친구의 뺨을 가볍게 때렸지. 이번에는 상대방 친구에게 뺨을 치라고 했어. 마찬가지로 살짝 때렸지. 그러자 선생님은 소리를 버럭 질렀어. "그렇게밖에 못해? 더 세게!"

이렇게 서로 뺨을 때리는 횟수가 거듭되면서 두 친구의 얼굴은 상기되었어. 마침내 두 친구는 정말 서로에게 화를 내게 되었지. 스스로 의도하지 않은 뺨 때리기가 분노를 유발하고, 분노는 더 심한 보복을 낳게 한 거야. 호의를 호의로 갚는 것뿐만 아니라 공격을 공격으로 보복하는 것도 앞에서 이야기한 상호성의 원리가 작용하기 때문이야.

모세는 사람이 다른 사람의 생명을 빼앗을 때는 그 생명으로 갚게 하고, 눈을 상하게 했을 때는 눈으로 갚게 하며, 이를 상하게 했을 때는 이를 다치게 하는 법을 만들었어. 그러나 예수님은 이렇게 말했어. "너희들이 '눈에는 눈, 이에는 이'라고 한 말을 들었노라. 하지만 나는 너희들에게 말하노라. 만약 누가 너의 오른뺨을 치거든 왼뺨을 내놓아라."

만약 세상의 모든 사람들이 '눈에는 눈, 이에는 이'라는 계율을 따른다면 이 세상에는 '눈 없는 사람'과 '이 없는 사람'으로 가득 차게 되겠지? 예수님만 그래야 하는 것은 아니야. '눈에는 눈, 이에는 이'로 맞서지 않고, '오른뺨을 치거든 왼뺨을 내놓는 것'은 남들보다 우리 자신을 위해 더 필요한 미덕이야.

생각하고 실천하기

- 늘 기분 좋은 말을 하는 친구에게 더 호감이 가는지, 아니면 기분 나쁜 말만 하는 친구에게 호감이 가는지 생각해 보자. 또 나는 주로 친구들에게 어떻게 말하는 유형인지 생각해 보자.

- 오늘은 친구에게, 동생에게, 모르는 사람에게 양보를 해 보자. 양보를 하고 난 후 느낌을 적어 보자.

긍정적인 사람은 창의적이다

부정적인 생각

생각은 바꾸기 정말 어렵다.
관심 있는 게 정해져 있다.
정답은 하나다.
여유가 없고 답답하다.
과거의 경험에 의존한다.
보수적이고 권위적이다.
단순한 것을 좋아한다.
타인의 평가에 민감하다.
규칙과 관습을 무조건 따른다.
어리석은 것은 나쁘다.
대충 보고 선입견으로 판단한다.
그것은 내 분야가 아니다.
안 되는 이유를 찾는다.

긍정적인 생각

마음만 먹으면 얼마든지 바뀐다.
호기심이 많고 관심 영역이 넓다.
정답은 많고 해결책도 다양하다.
위트와 유머 감각이 있다.
습관과 경험으로부터 자유롭다.
모험심이 강하며 개방적이다.
복잡하고 모호한 것을 좋아한다.
타인보다 자신의 평가를 중시한다.
규칙과 관습에 얽매이지 않는다.
어리석은 생각도 때론 필요하다.
사소한 것도 새로운 시각으로 본다.
내 분야가 따로 없다.
될 가능성부터 찾는다.

애인의 주름치마 덕분에 600만 달러를 번 사나이

미국의 조지아 주에서 가난한 농부의 아들로 태어난
루드라는 개구쟁이 소년이 있었다.
집안이 가난해서 상급학교 진학을 못한 그는
돈을 벌기 위해 유리병을 만드는 공장에서 일했다.
어느 날 '코카콜라병 디자인 현상모집,
최하 1000달러에서 최고 1000만 달러'라는
이 회사의 광고를 보게 되었다.
그는 공장을 그만두었고,

애인 주디에게는 6개월 동안 만나지 말자는
말을 남기고 병을 만들기 위해 연구에 몰두했다.
모양도 참신하고, 보기보다는 양이 적게 들어가는
병을 만든다는 것이 생각처럼 쉬운 일은 아니었다.
약속했던 6개월이 되자 주디가 그를 찾아왔다.
주디는 통이 좁고 엉덩이의 선이
매끄럽게 처리된 주름치마를 입고 있었다.
그녀를 본 순간,
루드의 머릿속에는 번득이는
아이디어가 떠올랐다.
마침내 루드는 주름치마에 가려진
엉덩이와 가는 허리처럼
병의 중간 부분이 들어가고
주름처럼 굴곡이 있는 병을 디자인했다.

모양이 참신하고 예쁠 뿐 아니라
병 허리가 가늘고 주름이 져 있어
보기보다는 적은 양이 들어가는 병이 탄생했다.
그는 견본을 만들어 특허를 출원하고,
코카콜라 사장을 찾아갔다.
그리하여 600만 달러라는 거액을 받고
계약에 성공했다.

10대를 위한 긍정 수업 ⑫

 비판적으로 생각한다는 의미가 무엇인지 아니? 고정관념을 그대로 받아들이지 않고, 가능한 예외의 경우를 찾고 반대로 생각해 보는 방식을 말해. 그리고 이 과정을 통해서 더욱 적절한 방법을 찾으려는 사고방식을 비판적으로 생각한다고 하지. 예를 들면, 갈릴레오 갈릴레이가 태양이 지구 주위를 돈다는 천동설을 비판하면서 그 반대의 증거를 찾아내 지동설을 증명한 역사적 사실, 기억하지?

현대 과학과 문명의 발달은 많은 사람들의 비판적 사고에서 출발했다고 할 수 있어. 아무 생각 없이 그저 열심히만 사는 사람보다는 지금까지 해 왔던 방법의 한계나 문제점을 끊임없이 찾고, 더 효과적인 방향을 탐구한 사람이 세상을 변화시키고 위대한 업적을 남겼어.

뻔한 규칙에 집착하지 않는다

우리는 하루하루 살면서 얼마나 많은 규칙에 얽매이고 있을까? 하루에 세 끼를 먹는다는 간단한 것에서부터, 남에게 실수를 하지 않아야 한다거나, 상대가 농담을 했을 때는 웃어야 한다는 등 수없이 많은 규칙 속에서 살아가고 있잖아.

이러한 규칙들은 대부분 겉으로 드러나지는 않지만 많

은 사람들이 따르는 생각이야. 그런데 이런 규칙을 지키려고 지나치게 노력하는 것이 오히려 자기 자신과 남을 괴롭히는 경우가 많아. 물론 적절한 수준에서 규칙을 지키는 것은 좋아. 하지만 지나치면 문제가 될 수 있다는 거지.

예를 들면, 친한 사이에는 절대 화를 내면 안 된다는 규칙을 마음속에 새기고 있다고 치자. 그런데 절대 화를 내지 않겠다고 생각하면 너무 힘들어져. 왜냐고? 친한 사이에도 화낼 일은 분명히 있거든. 그런데 절대 화를 내면 안 된다고 생각하고 꾹 참기만 하면 결국에는 더 큰 갈등과 싸움의 원인을 만들 수 있어. 반면, 친한 사이에도 감정을 드러낼 수 있다고 생각하면 마음의 여유가 생겨. 마음속 규칙을 지키는 것도 좋지만, 너무 집착하면서 지키려고 할 필요는 없는 거야. 즉 '~해야만 한다'는 생각을 '~할 수도 있다'는 생각으로 바꾸면 스트레스를 덜 받게 되지.

습관적인 행동에서 벗어난다

자, 지금 양손을 모아 손깍지를 끼어 보자. 그리고 엄지 손가락의 위치를 살펴봐. 어느 쪽 손가락이 위에 올라가 있니? 손깍지를 껴 보라고 하면 대개는 일정한 방법으로 끼곤 해. 이것은 누구나 갖고 있는 자기만의 습관이지. 그런데 왼손 엄지가 위에 오는 사람에게 오른손 엄지가 위로 오게 손깍지를 끼어 보라고 하면 매우 어색해 할 거야. 반대의 경우도 마찬가지고. 습관적으로 해 온 행동이 새로운 행동을 하기 어렵게 만들기 때문이지.

누구나 이미 가지고 있는 생각을 '**고정관념**'이라고 해. 그런데 고정관념은 창의적인 생각을 방해하지. 고정관념은 현재의 상태를 변하지 않게 하려는 성질이 있고, 창의적인 생각은 지금까지 하지 않았던 새로운 시도를 하려는 성질이 있거든. 똑같은 음식만 먹고, 만나는 사람만 만나며, 한 가지 스타일의 옷만 입고, 처음부터 끝까지 같은 것만 강조하는 고집스러운 사람은 생각을 바꾸는 것이 쉽지 않아. 딱딱하게 굳은 찰흙으로는 새로운 모양의 뭔가를 만들기 힘든 원리와 같지.

외국인 친구를 만날 때, 생소한 음식을 먹을 때, 공부가 아닌 스포츠나 예술에 관심을 가질 때, 우리의 생각은 다양해져. 마음과 머리가 더 부드럽고 연해져서 세상과 다른 사람에게 마음의 문을 열 수 있게 돼. 부드러운 찰흙으로는 수많은 모양으로 이것저것 만들 수 있잖아. 이렇게 부드러운 찰흙처럼 마음이 자유로울 때 창의적인 생각은 점점 더 자라고 우리는 좀 더 많은 것을 이룰 수 있는 거야.

해결 방법이 하나라는 생각을 버린다

융통성이 있는 사람들, 다시 말해 생각이 유연한 사람은 타인을 대할 때나 공부할 때, 한 가지 태도나 방법만 고집하지 않는 특성이 있어.

1에서부터 10까지를 더하라고 했을 때 대부분의 사람

들은 '1+2+3+4+5+6+7+8+9+10=55', 이렇게 계산하지? 그러나 유명한 수학자 가우스는 이것보다 훨씬 더 효과적인 해결책이 있을 것이라고 생각했어. 그리고 '1+10=11, 2+9=11, 3+8=11, 4+7=11, 5+6=11'이기 때문에 11을 다섯 번 더하면 55가 되는 더욱 쉽고 경제적인 방법을 찾아냈지.

'이대로도 좋았으니까' 또는 '지금까지 별문제가 없었으니까'라는 생각만 하면, 새로운 것에 도전할 수 없어. 결국 창의적인 생각을 할 수도 없는 거지. 답은 하나가 아닐 수 있고, 해결책도 다양할 것이라고 생각해 보자. 그러면 딱딱하고 단순한 고정관념에서 벗어나 부드럽고 다양한 창의적인 생각을 할 수 있을 거야.

입장과 시각을 바꾸어 본다

미국 자동차 산업의 창시자로서 크게 성공한 헨리 포드

는 "내게 성공의 비밀이 있다면 그것은 다른 사람의 입장을 이해하고 사물을 다른 사람의 시각으로 바라보는 것이다"라고 말했어. 자기중심적이고 고집스러운 사람은 자기의 입장만을 고수하지. 그러나 융통성이 있고 창의적인 사람은 다른 사람의 입장에서도 세상을 바라보려고 해.

부모는 아이의 입장에서, 아이는 부모의 입장에서 서로 입장을 바꿔 생각해 보는 연습이 필요해. 그러면 어렵다고 생각한 문제를 쉽게 해결할 수 있는 방법이 생겨. 선생님과 학생, 기업가와 소비자, 사장과 직원, 상사와 부하 등도 각자 상대의 입장에서도 생각해 보는 경험이 꼭 필요해. 그래야 남과 다르게 생각할 수 있고 남과 다른 인생을 살 수 있거든.

때로는 무식하게 생각한다

식자우환(識字憂患)이라는 말이 있어. '아는 것이 때로는 일을 그르치고 오히려 도움이 안 된다'는 뜻이지. 이탈리아의 물리학자 마르코니는 자기가 발명한 무선기의 출력을 높이면 아주 먼 곳까지 무선 전파를 보낼 수 있을 것이라고 생각했어. 그러나 당시 전문가들은 그의 생각을 비웃었어. 왜냐하면 전파는 직진하는 성질을 가지고 있으니, 지구가 둥글다는 상식을 가진 사람들은 당연히 비웃었던 거지. 전해지는 이야기로, 그 시대 상식으로는 말도 안 되는 주장을 굽히지 않은 마르코니를 친구들이 강제로 정신병원에 입원시켰다고 해.

그러나 마르코니는 다소 무식하고 우직하게 강력한 송신기와 강도 높은 수신기 개발에 온갖 노력을 기울여 결국에는 성공했어. 그 역시 다른 사람들과 마찬가지로 대기권에 전리층이라는 것이 있어서 전파를 반사한다는 사실은 알지 못했어. 하지만 그가 만약 처음부터 불가능하다고 생각하고 도전하지 않았다면, 결코 성공하지 못했을 거야. 때론 무식하게, 때론 우직하게 도전하는 것이 창의적 결과를 얻을 수도 있다는 사실, 기억해 둬!

뒤집어 보거나 거꾸로 생각한다

언덕길에서 길이 막혀 차를 세웠는데 앞차가 갑자기 뒤로 미끄러지는 상황을 상상해 볼까? 너무도 당황스러운 상황이겠지? 우선은 경적을 울려 앞차에게 경고를 할 거야. 그래도 차가 미끄러져 내려온다면? 옆 차선에 차들이 주차되어 있어서 옆으로 비킬 수도 없다면? 아마도 보통 사람들은 차를 후진시키려고 하겠지.

그러나 거꾸로 생각하는 것이 더 효과적인 해결책이 될 수도 있어. 미끄러져 내려오는 차에 가속도가 붙기 전에 내 차를 앞차 뒤에 바짝 붙이면? 오히려 두 차의 충격을 줄일 수 있어. 뿐만 아니라 내 뒤에 있는 차와 연쇄 충돌하는 것도 방지할 수 있지.

'거꾸로 생각하기'는 인간관계에도 적용할 수 있어. 대부분 인사는 후배가 선배에게, 학생이 선생님에게 먼저 하는 것이라고 생각해. 하지만 후배에게 먼저 인사해 보는 거야. 후배는 예상하지 못한 일이겠지? 그럼 어떨까? 인사를 받은 후배는 훨씬 더 고마워하면서 나에게 친근함을 느낄 거야.

긍정적인 답을 찾는다

우산 장수인 큰아들과 부채 장수인 작은아들을 둔 어머니가 있었어. 어머니는 하루도 걱정을 안 하는 날이 없었지. 그 이유는 비가 올 때는 부채가 안 팔릴 것 같아 작은아들을 걱정했고, 맑은 날에는 우산이 안 팔릴 것 같아 큰아들을 걱정했기 때문이야.

그런데 어느 날 어머니는 생각을 바꾸기로 했어. 날이 개서 더워지면 작은아들이 부채를 많이 팔 것이고, 비가 오는 날에는 큰아들이 우산을 많이 팔 것이라는 동네 아주머니의 충고를 받아들였기 때문이야. 이렇게 똑같은 일이라도 사람들은 제각기 다르게 해석해. 같은 장소에서 같은 시간에 새소리를 듣고도 어떤 사람은 '운다'고 하고, 어떤 사람은 '노래한다'고 말하지. 세상의 모든 일은 마음먹기에 달렸다고 말하는 이유가 여기에 있어.

 '자살'을 거꾸로 읽으면 '살자'가 되고, '내 힘들다'를 거꾸로 읽어 보면 '다들 힘내'라는 말이 되기도 해. Impossible은 불가능하다는 뜻의 영어 단어인데, 여기에 점 하나를 찍으면 I'm possible이라는 문장이 되어 '나는 할 수 있다'는 뜻으로 바뀌지. 불행한 일을 겪더라도 생각을 바꾸면 새로운 해결책이 떠올라. 역경 속에서도 성공적인 업적을 일군 사람들은 보통 사람들과 다르게 생각하고 다르게 행동해서 남다른 인생을 살아.

생각하기

- 하루는 부모님과, 하루는 선생님과 입장을 바꿔 '부모님이라면 어떻게 할까?', '선생님이라면 어떻게 할까?' 하고 생각해 보자.

실천하기

● 글자 순서를 바꾸면 전혀 다른 뜻이 되는 말을 찾아 새로운 단어로 만들어 보자.

> 부모님과 함께 읽는 삶의 지혜!
> 멋진 신사숙녀로 성장하도록 도움 주는 책!

사람은 자기를 좋아하는 사람을 좋아한다!

함께 있으면 즐거운 사람이 되자
행복한 인간관계는 일찍 배울수록 좋다

10대를 위한 심리학자의 인성교육 ❶
사람이 좋아지는 관계

가족, 선생님, 친구, 이웃과
친밀하게 지낼 수 있는 지혜!

심리학자에게 배우는 관계의 힘!

이민규 지음 | 228쪽 | 12,000원

꿈꾸는 사람이 꿈을 이룬다!

10분 뒤와 10년 후를 동시에 생각하자
인생은 실패할 때 끝나는 것이 아니라 포기할 때 끝난다

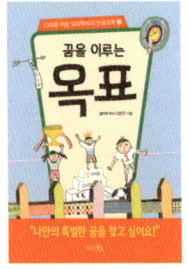

10대를 위한 심리학자의 인성교육 ❸
꿈을 이루는 목표

목표를 정하고
꿈을 이루는 방법!

심리학자에게 배우는 목표의 힘!

이민규 지음 | 148쪽 | 10,000원

나쁜 습관을 좋은 습관으로 바꾸는 습관!

시간과 공부의 주인으로 사는 인생
열심히 공부하는 사람보다 공부를 좋아하는 사람

10대를 위한 심리학자의 인성교육 ❹
인생을 바꾸는 습관

다른 사람의 좋은 습관을
내 습관으로 만들자!

심리학자에게 배우는 습관의 힘!

이민규 지음 | 204쪽 | 12,000원

크게 이루려면 작게 시작하자!

머뭇거리지 말고 당장 실천하자
포기하지 말고 끝까지 도전하자

10대를 위한 심리학자의 인성교육 ❺
결심을 지키는 실천

한 번 결심하면
반드시 실천할 수 있는 비결!

심리학자에게 배우는 실천의 힘!

이민규 지음 | 144쪽 | 10,000원

"오늘, 표현하기 가장 좋은 날!"

관계와 소통의 심리학

표현해야 사랑이다

이민규 지음 | 272쪽 | 값 14,800원